公共管理理论与实务丛书

陈天祥 ◎ 丛书主编

公共管理案例集

Public Administration Cases

刘云东　主　编
欧崇亚　寸晓刚　副主编

哈尔滨工业大学出版社

图书在版编目（CIP）数据

公共管理案例集 / 刘云东主编；欧崇亚，寸晓刚副主编. — 哈尔滨：哈尔滨工业大学出版社，2025.1. （公共管理理论与实务丛书）. — ISBN 978-7-5767-1904-8

I. D035-0

中国国家版本馆 CIP 数据核字第 20252PZ779 号

策划编辑　闻　竹
责任编辑　佟　馨
封面设计　博鑫设计
出版发行　哈尔滨工业大学出版社
社　　址　哈尔滨市南岗区复华四道街 10 号　邮编 150006
传　　真　0451-86414749
网　　址　http://hitpress.hit.edu.cn
印　　刷　哈尔滨市石桥印务有限公司
开　　本　787 mm×1 092 mm　1/16　印张 8.75　字数 123 千字
版　　次　2025 年 1 月第 1 版　2025 年 1 月第 1 次印刷
书　　号　ISBN 978-7-5767-1904-8
定　　价　68.00 元

（如因印装质量问题影响阅读,我社负责调换）

前　言

如今,公共管理在社会生活中的作用越来越大,其影响涉及各个方面。在百年未有之大变局和高质量发展的背景下,我国正大力推进全面深化改革,行政管理体制等方面的改革也在不断深入,公共管理领域面临着前所未有的机遇和挑战。理解和掌握公共管理的理论和实践对于推动社会的持续和谐发展具有重要的现实意义。社会对公共管理专业人才的需求日益增强,公共管理硕士(Master of Public Administration,MPA)项目作为培养各类公共事务管理及服务领域专业人士的专业,其理论和实践研究显得尤为重要。

出版公共管理案例集对于公共管理理论和实践研究以及人才培养都有着重要的意义。本书借助公共管理理论深入分析实践案例,将为公共管理的教学和实践工作提供有力的借鉴和参考。公共管理案例集能充实和深化MPA教育的内涵,助力培养更多的高质量公共管理专业人才。

广州南方学院公共管理学院坚持"宽基础、突重点、重能力、强实操"的办学思路,以学生为中心,大力推进教学改革和创新,始终坚持"校政企协同、学用做一体"的立体化育人机制,为社会持续培养高素质的应用型人才。本书汇集了广州南方学院公共管理学院师生们多年来对公共管理的深入理解和创新思考,收录了一系列来自多个领域的公共管理案例,包括基层治理、公共人力资源等多个方面。这些案例通过理论研究与实际案例分析,揭示了公共管理中的重要现实问题及其解决方略。它们不仅反映了广州南方学院公共管理学院在公共管理领域的研究水平，同时也成为广大师生和社会公众了解与研究公共管理的重要渠道，有利于提升学院在公共管理领域的影响力，助力学院的学科建设。

我们期望借此机会可以激发更多在职人员和学生对公共管理的兴趣，吸引他们选择公共管理作为自己的职业方向。同时，我们也希望通过这些案例能启发读者的思考，更好地理解公共管理的本质和未来进路。我们感谢所有参与本书编写的作者，是他们的辛勤付出使这本书得以问世。本系列丛书得到三个项目的支持：广州南方学院公共管理专业硕士（MPA）学位授权点建设单位、行政管理专业——国家级一流本科专业建设点，以及广东省普通高校人文社科类平项目"数字治理与政府创新研究团队"。在此一并感谢！

编者

2024 年 12 月

目 录

第一篇 基层治理现代化

破解农村垃圾治理难题——Z市农村垃圾治理 ………… 陈 芬 3

乡村振兴视角下乡村治理的实践探索——GS村建设的经验探索

………………………………………………………… 胡鹏年 16

观念转变与制度选择——Y市宅基地改革 ………… 唐海生 29

电梯加装：多数同意，就可以进行吗？ ……… 王小民 杨秀平 42

N市HS区政府购买养老服务的新型养老模式何以成功？……… 文 净 48

共享单车治理之"GZ经验" ………………………… 黄水清 56

第二篇 教育政策与公共人力资源

双减政策下，符校长的转型困境 …………………… 刘云东 73

民生实事如何定，F区人大觅良策 ………………… 马树林 82

基层海关人力不足，吴关长寻解决良策 ……… 陈天祥 郑思敏 周晓宇 88

基层选调生的"引、育、留"难题 ………………… 寸晓刚 102

第三篇 公共文化政策与管理

如何"活"起来——Z市博物馆的破局之路 ………… 李 沁 115

整合传播推动城市更新多元治理——以X集团LF旧村改造项目为例

………………………………………………………… 王 烨 121

第一篇

基层治理现代化

破解农村垃圾治理难题
——Z 市农村垃圾治理

陈芬

随着城乡一体化进程的加快、农村经济迅速发展、村民的生活水平提高,农村的日常生活习惯和消费方式发生了巨大改变。然而,农村生活垃圾数量和种类有所增加,农村生活垃圾的组成更加复杂,农村现代化进程中环境问题逐渐凸显。农村生活垃圾问题对美丽乡村建设和农业发展具有重要影响,传统的农村生活垃圾处理方式已无法满足当前农村发展的需求,影响了农村人居环境。由此,农村生活垃圾治理工作亟待展开。

近年来,党和国家高度重视农村人居环境整治,以农村生活垃圾、厕所改造、污水治理和乡村面貌改善为重点。为了有效治理农村生活垃圾,鼓励和支持广大农民群众开展村庄家庭清洁行动,实现美丽乡村建设,自党的十九大以来,党中央多次发出重要指示,全面推进农村生活垃圾治理工作,积极开展垃圾分类试点工作,并将提升农村生活垃圾治理水平作为实现乡村振兴战略的重要组成部分。

2017 年,中共中央、国务院印发的《关于深入推进农业供给侧结构性改革加快培育农业农村发展新动能的若干意见》[1] 要求推进"农村生活垃圾治理专项行动"。2018 年 2 月,中共中央办公厅、国务院办公厅印发的《农

---

[1] 中共中央 国务院关于深入推进农业供给侧结构性改革 加快培育农业农村发展新动能的若干意见 [EB/OL]. https://www.gov.cn/zhengce/2017-02/05/content_ 5165626.htm.

村人居环境整治三年行动方案》①把推进农村生活垃圾治理位列六大重点任务之首。2018年6月，中共中央、国务院印发的《关于全面加强生态环境保护 坚决打好污染防治攻坚战的意见》②，再一次强调构建农村垃圾分类、收集、转化和利用网络体系。目前，我国农村的垃圾处理方式主要为"户分类、村收集、乡转运、县处理"的四级垃圾收运体系，但垃圾处理的实际状况与预期仍有差距。2018年9月29日，时任农业农村部副部长余欣荣在国务院新闻办公室举行的新闻发布会上表示，这些年来，我国农村人居环境保护建设有了比较大的进步。2018年9月，中共中央、国务院印发《乡村振兴战略规划（2018—2022年）》③（以下简称《战略规划》）提出，持续改善农村人居环境，以农村垃圾、污水治理和村容村貌提升为主攻方向，开展农村人居环境整治行动，全面提升农村人居环境质量。《战略规划》同时提出，推进农村生活垃圾治理，建立健全符合农村实际、方式多样的生活垃圾收运处置体系，有条件的地区推行垃圾就地分类和资源化利用。2021年2月，中央一号文件④提出了实施农村人居环境整治提升五年行动的措施。该行动旨在推进源头分类减量、资源化处理利用，并建设一批有机废弃物综合处置利用设施。2021年3月，"十四五"规划⑤发布，其中指出要稳步解决"垃圾围村"等突出环境问题，并深入开展村庄清洁和绿化行动。随着党中央和国务院对农村生活垃圾治理问题的日益重视，我国在农村生活垃圾治理方

---

① 中共中央办公厅、国务院办公厅印发《农村人居环境整治三年行动方案》［EB/OL］. https：//www. gov. cn/zhengce/2018-02/05/content_ 5264056. htm.
② 中共中央 国务院关于全面加强生态环境保护 坚决打好污染防治攻坚战的意见 ［EB/OL］. https：//www. gov. cn/zhengce/2018-06/24/content_ 5300953. htm.
③ 中共中央、国务院印发《乡村振兴战略规划（2018—2022年）》［EB/OL］. https：//www. gov. cn/zhengce/2018-09/26/content_ 5325534. htm.
④ 中共中央 国务院关于全面推进乡村振兴加快农业农村现代化的意见［EB/OL］. https：//www. gov. cn/zhengce/2021-02/21/content_ 5588098. htm.
⑤ 中华人民共和国国民经济和社会发展第十四个五年规划和2035年远景目标纲要［EB/OL］. https：//www. gov. cn/xinwen/2021-03/13/content_ 5592681. htm.

面取得了显著成效,农村人居环境也日益得到改善。

一、Z市农村垃圾治理概述

Z市总面积4 113.6 km^2,截至2023年5月,全市辖5个街道、15个镇、6个乡,常住人口74.2万人,有村民委员会221个,社区居民委员会567个,村民小组2 899个,居民小组675个。

近年来,Z市坚持绿水青山就是金山银山的发展理念,以农村垃圾治理为抓手,深入实施农村人居环境整治三年行动和"百村示范、千村清洁"行动,成功探索出"1945"长效清洁治理模式,实现垃圾源头减量与终端处理、定期清理与日常保洁紧密结合,有效破解了农村垃圾治理"老大难"问题。

Z市通过凝聚共识、创新模式、加大投入、管建并重,践行"干净就是风景,风景就是前景"理念,村庄环境干净整洁有序,村容村貌明显改善,荣获"全国村庄清洁行动先进县""全国四好农村路示范县"等称号。

二、Z市农村垃圾治理举措

(一) 创新探索垃圾整治新模式

Z市坚持开展四季清洁战役,持续采取有力措施改善农村环境。为实现农村生活垃圾综合处理全覆盖,Z市探索推进"1945垃圾处理模式"。其中,"1"代表由Z市L集团负责农村垃圾全程转运的企业。"9"代表由9个固定和移动垃圾转运站承担乡镇垃圾压缩任务。"4"代表在小城镇推行垃圾"四分法",即将小城镇可回收垃圾纳入废品回收系统;将可腐烂垃圾就地处理;将有毒有害垃圾统一运输进行后续处理;将其他需转运垃圾经过压缩后运往垃圾场处理。"5"代表在村屯推行农村生活垃圾"五指分类法",将垃圾细化分为可腐烂垃圾、可燃烧垃圾、可变卖垃圾、可填坑垫道建筑垃圾、有毒有害垃圾五种。其中,可腐烂垃圾由农户在院内自建小型沤肥池,将可腐烂垃圾沤肥还田;可燃烧垃圾由农户在自家灶坑焚烧;可变卖垃圾由乡镇协调废品回收单位,在各村布设固定或流动回收站,及时回收;可填坑垫道建筑垃圾用于村屯填沟平道或选址填埋覆土;有毒有害垃圾由村民投放到门前指定垃圾桶内,村屯定期收集转运到小城镇指定地点,再由 L 集团定期转运,交由有资质的企业进行无害化处理。

通过推行"1945"模式,Z 市统筹农村环境集中连片整治和农村垃圾治理,全市村屯均成立保洁队伍,207 个行政村(农场)生活垃圾处理体系实现全覆盖。农村垃圾减量率达到 71%,垃圾日处理量由 280 t 减少至 80 t,减少使用垃圾箱 500 个,垃圾治理达标村 165 个,占比 80%。

(二)优化农村垃圾治理内容

第一,将农村人居环境整治作为实施乡村振兴战略的重要内容。Z 市坚持在"清、分、修、绿、管、规"上做文章。一是清,全面打好春、夏秋、秋冬"村庄清洁"行动三大战役,投入资金 947.9 万元,清理河塘沟渠 495 万 m,清除整治"三堆"(柴草堆、粪堆和杂物堆)6.1 万个。二是分,确立"农户分类减量、村屯清扫保洁、企业转运处理、市乡保障资金"的农村垃圾整治工作体系,农村生活垃圾"五指分类法"群众知晓率 100%,农村垃圾日处理量由 280 t 减量稳定至 80 t,垃圾减量 71%。三是修,2019 年以来完成农村改厕 7.74 万座,农村无害化卫生厕所普及率近 93%,全市 1 222 家畜禽养殖场(户)粪污处理设施建设率 100%,5 个区域性粪污处理中心完成主体工程建设。四是绿,以道路绿化为主,提升道路绿化美化档次,村旁、宅旁、路旁、河旁宜林地实现基本绿化,村内主要道路实施绿化的行政村达到100%。五是管,全市各乡镇(街道)3 085个屯全部成立保洁队伍,配备保洁员2 935人,农村生活垃圾处理体系实现全覆盖。六是规,《Z市乡村建设规划》编制工作、48个省市美丽示范村、土地整治试点村及其应编尽编村规划编制工作以及县域农村生活污水治理专项规划编制工作均已完成。

第二,实施农业生产垃圾与农村生活垃圾共同治理——畜禽粪污资源化利用。首先,启动畜禽粪污资源化利用整体推进项目。Z市作为全国农业大市和生猪调出大市,畜禽粪污处理一直是推进农村垃圾治理的重点和难点。为了减少源头垃圾产生、控制过程中的污染、实现末端资源利用,Z市于2019年启动了畜禽粪污资源化利用整体推进项目。该项目建设了5个畜禽粪污区域性处理中心,全市1 222家畜禽养殖场全部建成了堆粪场和污水处理池,全市规模养殖场的粪污处理设施配套率达到100%,畜禽粪污综合利用率达到90%。这些举措极大地改善了农村居住环境。其次,加强秸秆综合利用。Z市粮食作物的播种面积约为906 km^2,秸秆可收集资源量约为50万t。从2017年开始,Z市积极引导秸秆成型产品生产和秸秆收储体系建设,通过肥料化、饲料化、能源化、基料化、原料化的利用方式,年秸秆综合利用率达到100%。例如,推广秸秆粉碎腐熟还田技术,对农作物秸秆进行综合利用。农户将玉米秸秆粉碎后与畜禽粪肥一起深翻到土壤中,然后用废旧薄膜覆盖,经过近一个月的腐熟,变成有机底肥。通过农业生产垃圾与农村生活垃圾的共同治理,Z市在农村垃圾治理方面取得了显著成效,并为改善农村环境做出了重要贡献。

(三)成立农村环境治理专责组织机构

为了更好地推进Z市农村环境治理工作,采取以下措施:

一是强化组织领导。首先,成立了市农村人居环境整治工作领导小组,由市委书记和市长担任组长,包括常务副市长以及市环保局、农发局、水利局、财政局、卫计局等单位的代表成员。该领导小组下设办公室,并建立了联席会议制度,定期进行统筹协调、综合调度和指导督查,对全市农村环境治理工作进行监督和指导。其次,各乡镇街道也成立了相应的领导小组,明确分工和职责划分,增强合作力量,推进农村环境治理工作的开展。此外,还出台了《关于农村垃圾长效整治实施意见》等专项方案文件,将农村垃圾治理纳入目标责任考核体系,按月进行调度,统筹协调各项工作。

二是建立三级包保责任制。副市级以上领导包乡镇、乡镇领导包村、村干部包屯。市、乡、村三级层层签订责任书,强化"户分类、户处理、不出户、零填埋"目标要求,确保垃圾治理新模式、新要求迅速落到实处。

三是加强督导检查。市政府成立了一个由20人组成的督查组,各乡镇也成立了由10人以上组成的督查员队伍。督查发现的问题会及时上传至市农村人居环境整治微信群,每周的评分结果将成为拨付乡镇垃圾整治经费的重要依据。对于每周督查评分排名后5位的乡镇,市政府的分管领导将进行约谈;而连续两周排名后5位的乡镇,将由市长亲自进行约谈。

四是乡镇充分发挥属地工作职能。各乡镇结合本地实际制定具体实施方案,针对不同乡镇的特点和问题,制定相应的农村垃圾治理方案,确保措施的针对性和可操作性。通过评估和筛选,选取一些表现出色的村庄、街道和住户,作为示范单位,树立典型,打造亮点。这些示范单位将在农村垃圾治理方面展示出良好的实践经验和成果,起到示范引领的作用。最后以点带面全面推进农村垃圾治理工作,通过示范村、示范街道和示范户的成功案例,向其他乡镇推广经验和做法,促进全市范围内的农村垃圾治理工作。同时,加强交流和合作,形成乡镇之间的良好互动和借鉴学习机制,共同推动农村垃圾治理工作的进展。

（四）建立农村环境治理工作机制

1. "345 工作机制"

Z 市在农村环境治理工作中采取"345 工作机制",具体包括以下方面:"3"即市、乡、村三级书记带头抓。市级、乡镇级和村级书记在农村环境治理工作中发挥带头作用,推动工作的落实和推进。"4"即包保责任制度、工作调度制度、督查考核制度、宣传教育制度等四项制度。通过建立这些制度,明确责任、加强调度、强化督查和加大宣传教育力度,确保农村环境治理工作的有序开展。"5"即通过各种形式宣传引导,形成市、镇、村、村民组、村民五级联动的局面。通过宣传引导,提高了市民和村民的环境保护意识,形成了广泛参与的良好氛围。

2. 依效付费制度

Z 市农村环境治理依效付费制度仍处于探索发展阶段,并致力于推进人居环境整治的现代化企业管理运营模式。目前,Z 市已经实施了 2 个环境治理方面的采购项目,分别是农村环境治理垃圾收运和农村环境治理污水处理 PPP[①] 项目。这些项目通过招投标的方式进行,均由 Z 市 L 集团负责运营管理。企业统一运营管理模式的推进,有效改善了城乡环境,并避免了城市和海域的污染。Z 市通过委托专业企业进行运营管理,提供了可行的解决方案,为农村环境治理工作带来了新的发展机遇。

---

① PPP（public-private-partnership,政府和社会资本合作）:指政府通过特许经营权、合理定价、财政补贴等事先公开的收益约定规则,引入社会资本参与城市基础设施等公益性事业投资和运营,以利益共享和风险共担为特征,发挥双方优势,提高公共产品或服务的质量和供给效率。

（五）加强整治物资保障

1. 强化资金保障

健全完善资金保障机制、项目和资金管理机制。自2018年以来，Z市逐年增加了市本级财政资金投入，并积极争取上级资金支持，全市用于农村垃圾治理和人居环境整治的资金总额高达10.54亿元。每年筹措兜底保障资金3 000万元，专项用于农村垃圾整治工作。Z市投入了1.67亿元的资金购置不锈钢垃圾箱、自卸车、转运处置设备以及建设垃圾中转站，提升了农村垃圾处理的能力；投入了1.6亿元用于畜禽粪污资源化利用，推动农村畜禽粪污的有效处理和资源化利用；还投入了270万元用于农用地膜等废弃物的回收与处置，均建立了回收台账，同时建立了19个回收站。

此外，根据乡镇人口数量和标准收费，乡镇垃圾收集费用为1 300万元，用于乡镇区域和村屯的垃圾清扫、保洁、收集以及乡镇垃圾处理设备的运维，具体费用的使用由各乡镇根据实际情况进行统筹安排。Z市L集团负责垃圾转运工作，转运费用为800万元，如果实际转运量超过35%，超出部分的垃圾转运费用由所在乡镇自行承担（具体转运单价经审核后确定），费用从分配给乡镇的经费中核减，不足部分由乡镇额外支付。乡镇奖励资金300万元，根据各乡镇垃圾减量成效，以35%为基准，以Z市L集团实际转运量为基数，按次进行统计，并每月进行汇总，乡镇获得的奖励资金必须用于农村垃圾治理。市财政局每季度末将600万元的垃圾治理专项经费及时拨付给市住房和城乡建设局，根据考核结果和资金支付明细，将专项经费拨付给Z市L集团和各乡镇。

这些措施旨在激励乡镇加强垃圾减量工作，提高农村垃圾治理的效果。

同时,市财政局与市住房和城乡建设局将确保资金及时拨付,并根据考核结果进行合理分配。

2. 不断完善配套设施设备

现有的勾臂式垃圾箱 7 286 个,用于盛装各乡镇村屯经过"五指分类"后仍有的其他垃圾。此外,还有 769 台电动三轮车分发给村屯的保洁员使用,用于村屯的保洁和垃圾收集工作。这些电动三轮车的运行记录由村屯负责建立和维护。另外,还有 163 台自卸车用于转运处理农作物秸秆和建筑垃圾。Z 市共有 202 台勾臂式垃圾车和 4 台垃圾压缩车,由 Z 市 L 集团负责使用来转运垃圾。另外,还有 8 辆轮式装载车、2 台贝壳粉碎设施和 1 座垃圾暂存站,由相关乡镇负责运营和管理。自 2019 年以来,Z 市通过多种渠道和多元化的筹资方式,累计投入 1 200 万元用于配备保洁设施和设备,充分满足了农村垃圾收集、保洁和转运处理的需求。

3. 加大基础投入

为了改善城市水环境,Z 市加大了基础设施建设的力度,投资 2 亿元建设了城东污水处理厂,实现了 Z 市小于屯断面流域污水的全部截流,确保了断面水质的稳定达标。同时,Z 市还完成了 B 屯污水处理厂的建设工作。在污水处理厂的建设过程中,充分考虑到对环境的影响,采取了厂区全封闭和加装臭气收集处理设施的措施,确保厂区没有恶臭现象产生。Z 市通过公开招标委托第三方单位运行农村生活污水处理厂,并采取了相应的措施,因案施策,确保收集到的污水得到全面处理。

（六）协调联动，多方齐力推动农村垃圾治理

1. 加大舆论宣传力度

各乡镇积极发挥党员干部的先锋模范作用，通过多维度、广覆盖的入户宣传活动来推动垃圾分类工作。Z市通过发布微信公众号、广播、宣传单和宣教讲座等多种宣传媒介进行宣传。同时，通过开展垃圾分类主题宣传、广场舞大赛、编排文艺节目、小手拉大手活动、制作宣传车、发放宣传单、悬挂条幅等形式，提高了群众对垃圾分类的知晓率和参与率。新闻媒体还开设专栏对好的经验做法、先进单位和典型个人进行宣传报道，形成工作简报并发送至各相关单位。此外，还制作了垃圾分类减量宣传片和公益广告，在电视台进行滚动播出。

L集团制作了16万余张五指分类牌（板），贴在村屯中。教育局通过"小手拉大手"活动印发了5万余份"致家长一封信"，并录制了垃圾分类减量方面的广播节目，在电台和村屯进行宣传播放。各乡镇（街道）充分发挥"三长"、妇女组织以及"两代表一委员"工作职能，开展入户宣传工作。通过确定示范村、示范街和示范户，打造宣传亮点，营造舆论氛围。

2. 带动全员参与

在活动开展方面，Z市主要建立了以镇、村、屯干部为基础的基层宣讲体系，各相关部门联动，形成横向到边的宣教网络。通过开展"垃圾分类巾帼先行"等活动，通过妇女带领家庭，家庭再带动社会，达到社会全员参与的局面；在学校方面，开展了"垃圾分类知识进课堂"等活动，通过"小手拉大手"的方式，达到以孩子带动家庭的目的。同时，妇联、共青团等部

门组织了形式多样的志愿服务活动，妇女联合会组织在微信公众号上推送了"晒晒我家小院子"典型展播活动，共有516户农村居民获得了省、市级的"美丽庭院""整洁庭院"等荣誉称号。通过开展群众性的文化活动，采取多维度、全覆盖的工作举措，提高了群众参与的积极性和自觉性。

3. 强化经验学习与交流

一是强化培训引导，由市委牵头，在市直领导及乡镇相关领导、工作专干及社区、村屯、老党员等层面开展垃圾分类、农村人居环境整治专题培训会，普及城区垃圾分类和村屯垃圾"五指分类法"以及开展农村人居环境整治工作的重要性。二是强化考察学习，由市委牵头，组织各乡镇党委书记、镇长、村书记等百余人考察团进行考察学习，带领大家走出去，充分学习和借鉴先进地区的工作经验和做法。三是强化业务指导，由市人大牵头，不定期地调研各乡镇街道工作开展情况，并通过分片召开工作现场会和座谈会模式，加强了各乡镇之间的沟通和交流。

4. 多部门联动打好"组合拳"

充分发挥农业农村部门牵头抓总作用，将村庄清洁行动与城乡垃圾整治、公路建设、河道治理、污水治理、爱国卫生运动以"美丽庭院"创建有机结合，统筹推进农村环境脏乱差综合整治。针对不同时节，集中开展村庄清洁行动，对公路沿线、村屯主干道、养殖场、河道等重点区域开展集中清理，彻底铲除户外、室内小广告。

5. 充分发挥村规民约作用

通过村规民约引导和规范村民的行为，正确开展垃圾分类减量活动，自觉爱护有关设施设备，自觉参与维护村庄公共环境，乡村环境面貌发生了翻天覆地的变化，农民群众纷纷点赞，村屯美起来了、村庄"靓"起来了。

三、Z市农村垃圾治理考核

（一）成立考核小组

Z市政府成立市农村环境连片整治卫生管理工作考核领导小组（以下简称领导小组），负责统筹农村环境卫生管理工作的考核工作，由分管副市长任组长，市住房和城乡规划建设局局长任副组长，成员单位有市发展改革局、市财政局、市环保局、市农发局、市审计局、市卫计局、各乡镇政府。领导小组下设办公室，负责具体的组织、协调和考核工作，市住房和城乡规划建设局分管副局长担任办公室主任。各乡镇要设立乡镇农村环境卫生治理考核办公室，负责辖区内农村环境卫生的检查、考核工作。

（二）明确考核对象

Z市农村环境治理垃圾收运PPP项目的项目公司。

（三）具化考核标准

考核内容与评分标准为：工作制度及台账建设情况（5分），车辆设施合理配置及维护保养情况（10分），村镇卫生清扫保洁情况（30分），垃圾收集及中转站管护情况（20分），垃圾转运情况（25分），上级检查与公共媒体监督情况（10分），并均设有详细的指标内容。

通过以上举措，Z市以凝聚共识、创新模式、加大投入、管建并重的方式，秉持着"干净就是风景，风景就是前景"的理念，取得了农村垃圾治理方面的显著进展，获得相关上级单位的肯定，为其他地区提供了宝贵的借鉴和参考，同时为推动乡村振兴和建设美丽乡村注入了新的活力。

【思考题】

1. "1945"垃圾处理模式的特点是什么？

2. 农村垃圾治理中，各级政府在其中发挥了怎样的角色和作用？

3. 如何评价Z市农村环境连片整治卫生管理工作的考核内容？

4. 基于以上垃圾治理创新模式，实现Z市垃圾治理的可持续性发展的条件和机制有哪些？

乡村振兴视角下乡村治理的实践探索
——GS 村建设的经验探索

胡鹏年

一、地方暨乡村治理的内涵与意义

（一）地方暨乡村治理的内涵

地方治理（local governance）是全球化与政府改造的重要变革趋势之一。地方治理关注的议题焦点是基层公共事务如何能够经由地方政府与中央政府及民间社会协力合作，获得实时有效的解决。而乡村治理是社会治理的基础和关键，也是国家治理体系和治理能力现代化的重要组成部分。[①]

党的十九大会议提出乡村振兴战略，强调健全自治、法治、德治相结合的乡村治理体系。在乡村振兴战略背景下，从乡村社会所处发展阶段的实际出发，遵循乡村社会发展的规律，着力构建以党的基层组织为核心，以村民自治组织为主体的乡村治理体系。[②] 乡村治理涵盖农业经济发展、生态环境保护、基础建设及公共服务等"四个面向"。目前在党和地方政府的大力支持与辅导下，乡村振兴与乡村治理策略都取得了实质性的建设成效，尤其是

---

① 郑会霞. 构建新时代乡村治理体系［EB/OL］. https://www.zgxcfx.com/sannonglunjian/112676.html.

② 于霄达. 中国农村公共事务治理问题及发展策略［J］. 农村经济与科技, 2021（16）: 245-247.

农村经济振兴与环境治理并行,不仅使基层组织建设及农村环境均得到改善,而且软硬件的服务质量也得到提高,基层农民居家环境、经济收入与生活质量都得到提升。

(二) 乡村治理的意义和原则

乡村治理是通过对村镇布局、生态环境、基础设施、公共服务等资源进行合理配置和生产,促进当地经济、社会的发展及环境状况改善,借此不断提高广大农村居民物质生活和精神文明水平,改变"脏、乱、差"的问题,不断加强基层治理。乡村治理遵循以下基本原则和建构思路。

1. 坚持以民为本,改善民生

把农民群众利益放在首位,以发挥农民的主体性作用,尊重农民的知情权、参与权、监督权等,引导就地发展生态经济,维护生态环境,加快基础乡村建设。

2. 坚持乡村建设,统筹发展

落实美丽村镇建设,加快推进城镇基础设施和公共服务向农村延伸覆盖,着力构建城乡经济社会发展一体化新格局,以下分为两个层面进行分析。

(1) 国家层面。

从国家治理层面看,乡村治理有利于推动国家治理体系与治理能力的现代化。乡村治理方法的持续科学化、系统化、组织化、精实化,能够体现基层高效治理能力的不断提高,有效增进基层建设与人民生活改善的幸福感。[1]

---

[1] 黄琴. 基于开展乡村治理,推动乡村振兴的探讨 [J]. 佳木斯职业学院学报, 2021 (10): 43-44.

(2) 公众层面。

从乡村公众的生活层面看,乡村治理有助于维护乡村生活秩序、经济发展及环境保护。乡村的生产方式不再是单一的,必须是多元的,须与地方的特色农产运销相结合,形成产、销、研合作机制。虽然农村治理与产业振兴有一定的进展,但达到预期建设目标尚有空间,诸如村民自治还有待完善;村民素质与生活习惯及思想观念有待提高;村民参与度也有待提高。[①][②] 因此,需要加强落实再教育制度,坚定以人为本的理念,以公众的主体地位去调动能动性,使其积极投入乡村治理工作,增进乡村经济条件升级与生活环境建设,不断改造与提升基础环境,促进乡村治理完善,强调规划在乡村治理中的示范与领航作用。对乡村治理要有完整、合理、有序的规划与实施方案,按规划需要渐进推展,并随时研讨与策进基层治理发生问题,以中长期计划的前瞻观点,去逐步提高农民生活素质与农事技能,从观念及实务上解决问题。[③][④]

党的十七大开始重视生态文明建设,党的十九大又提出了乡村振兴战略,中共中央、国务院依此发布《关于实施乡村振兴战略的意见》[⑤],指出:坚持人与自然和谐共生,落实节约优先、保护优先、自然恢复为主的方针,以绿色发展引领乡村振兴。中共中央办公厅、国务院办公厅颁布《农村人居环境整治三年行动方案》着重因地制宜、分类指导,注重保护、留住乡愁,村民主体、激发动力等基本原则,建设美丽宜居的乡村。本文谨就广东省清

---

① 中共中央 国务院关于实施乡村振兴战略的意见 [EB/OL]. https://www.gov.cn/zhengce/2018-02/04/content_ 5263807.htm.

② 叶伟. 加强农村基层党建扎实推进乡村振兴实践探究 [J]. 农家参谋, 2021 (11): 5-6.

③ 郑跃勇, 沈忠辉. 乡村振兴战略背景下乡村治理的困境与路径分析 [J]. 山西农经, 2021 (17): 43-44.

④ 柏艳. 乡村振兴背景下农村生态治理与美丽乡村建设 [J]. 产业与科技论坛, 2021 (18): 7-8.

⑤ 中共中央国务院关于实施乡村振兴战略的意见 [EB/OL]. http://www.gov.cn/zhengce/2018-02/04/content_ 5263807.

远市 GS 村治理情况做研究，以了解其响应乡村振兴战略的实际情况，对未来发展提出改革意见。

二、GS 村建设现状

GS 村辖区面积 40.5 km²，耕地面积 3.6 km²，山地面积 31.2 km²，其他农用地面积 0.35 km²；林地面积 30 km²，森林覆盖率 96.05%。GS 村村委会成立于 2005 年，下辖 40 个村民小组，户籍人口 1 294 户 5 481 人。2020 年 GS 村集体经济收入 29 万元，全村设立党总支 1 个，下设 2 个党支部，党员 96 名。GS 村拥有全县最大的水库，有丰富的自然资源和风景名胜区。

GS 村是乡村振兴示范村，村党组织集体经济发展思路清晰，特色产业较多。

2020 年，GS 村创建市级基层党建示范村，健全以党组织为统领的乡村治理体系，全面增强农村基层党组织政治功能和组织力。GS 村由 FG 县团县委和林业局挂钩帮扶，并派驻干部脱产驻村协助开展精准扶贫工作。全村精准扶贫户共 118 户，247 人。在党总支书记的推动下，GS 村益肾子种植项目不断壮大。

2020 年 8 月，GS 村成为广东省"一村一品、一镇一业"益肾子专业村。带动和鼓励贫困户种植益肾子，增加稳定的收入，帮助贫困户逐步稳定脱贫不返贫，GS 村也成为全县"一村一品"亮点村。

三、GS 村益肾子种植模式

XL 益肾子种植专业合作社成立于 2019 年，是一家以益肾子种植生产、销售、加工、标准化、专业化运营益肾子系列产品的综合型合作社。自有约 13 万 m² 种植规模，拥有 20 多年经验的专业管理团队，深山引种益肾子，择优培育，择优嫁接，细分益肾子品种，不断向市场提供优质益肾子系列产品，建立益肾子标准化体系，成功入选广东省首个益肾子产业的"一村一品，一镇一业"项目主体，已经注册了商标及多项专利，还设计了一个卡通形象，主要采用"公司+合作社+农场+种植大户（贫困户）+媒体（互联网）"一体化合作经营模式，从市场出发联动优质品种的引种、示范，与农民签订购销合同，使益肾子产销合一。

（一）培育优质新品种

将发力点选在种苗的培育上，流转土地 13 万 m^2 分苗圃园、母树园、实验园、种植示范园等，农副产品深山引进，择优嫁接，择优培植，培育了五大品种。通过生产无菌和先进的优良苗木，使益肾子在生长过程中具有良好的保温环境，提高了亩产量，打造了当地最专业、最优质的高产、早产、稳产益肾子苗圃基地。该社培育的益肾子品种，1 棵树年产量超 50 kg，每亩产量超千斤，按照平常销售价格每千克 40～60 元计算，每亩产超 2 万元，且投入少、管理要求不高，每亩平均投入不超过 1 000 元。

（二）专业苗棚搭建

根据益肾子的生长特性搭建拱形专业苗棚，主要用于益肾子的苗木培育，通过生产无菌和先进的优良苗木，使益肾子在生长过程中具有良好的保温环境，提高亩产量，从而打造最为专业的益肾子种苗基地。

（三）益肾子培训基地建设

推广生态栽培技术和特色益肾子品种，实施优良种苗培育，通过田间的现场教学向农民讲授种植技术、品种优势、市场前景等内容，培训新型职业农民。同时聘请市、县两级专家对培育对象进行实践指导,并长期提供技术指导,进行跟踪服务,建立起"专家+基地+培育对象"模式,加快推进品种改良和技术创新,加强产业优良品种培育,优质健康种苗扩繁和机械化、商品化育苗生产,加快生态种养、资源循环等先进适用技术的推广。

此外增购教学设备和益肾子生产机械设备,开展种植生产技术培训,加大有文化、懂技术、会经营的新型职业农民的培养力度,力争孵化更多新型农业人才,在实施期间培养农业技术人才200余人,带动农民500户种植益肾子。

建设益肾子种植培训体验中心,组织一系列的培训课程,从而提升学员的知识储备;为农户提供"一对一"的创业指导,为其创业搭桥铺路,并提供科学技术指导,不定期进行跟踪服务,通过开展各种教育课程以及创业实践活动来提高学员的创新创业能力,使其积累宝贵的创业经验。

(四) 标准化种植

采用土壤生物有机培肥技术、平衡施肥技术,制定了一套生产技术标准,涵盖高效种植、节水灌溉、肥药减量控害、病虫害生态调控等生态环保技术。形成SJ镇益肾子种植生产示范基地,示范推广优质、特色益肾子品种,逐步形成产业化综合配套体系,同时加大种植基地高新技术普及率,有效提高土地生产率、劳动生产率和资源利用率,大力激发年轻人才的潜力,使农业更加生态化。

将有关益肾子综合标准化建设项目策划方案受理于QY标准化研究院。根据《农业综合标准化工作指南》(GB/T 31600—2015)、《农业企业标准体系 种植业》(DB11/T 202—2013),以目标导向、系统优化、整体协调、因地制宜为原则,确定综合标准化的对象和目标,系统分析目标相关要素,构建益肾子综合标准体系，主要覆盖农业基础、生产设施、农业机械、种植过程技术规程、农产品质量、农产品初加工等功能区域。为了对农业产前、产中、产后全过程进行规范，按照国家法律法规的规定，制定的国家、行业、地方和企业标准，形成相互配套的质量控制及经济、社会和生态效益控制标准体系。在农业生产、加工、标识、标签、包装、贮存、运输等过程中，对每个关键环节制定的技术标准、规程、规范、质量要求、检测、检验、试验等，形成一个较完整的质量控制技术标准体系。运用"统一、简化、协调、优选"的标准化原则，确保农产品的质量，促进农产品的流通，规范农产品市场秩序，指导生产，引导消费，从而取得良好的经济效益和社会效益，以达到提高农产品生产水平和竞争力的目的。

基地建成后将拓展农业观光、农业科普功能，每年组织当地及周边村镇的村民参观绿色种植成果，当地村民和游客可进园挑选采摘无公害益肾子，年接待量2 000人，目的是推广益肾子优良品种生态种植，吸引更多的农民加入。

对于有意愿加入的村民，通过组织田间现场教学的方式向农民讲授种植技术、品种优势、市场前景等内容，分享大棚种植和水肥一体化灌溉经验。同时对培育对象进行实践指导，长期提供种植技术指导，推进品种改良和技术创新，加快产业优良品种培育。示范基地计划带动500户农户种植益肾子，带动种植面积33万 m^2，扩大种植规模将增大农村劳动力需求，带动更多的农民增收脱贫，使贫困农民迈入小康家庭行列。

(五) 脱贫扶贫致富，创生建设

GS村委举办"千株扶贫，百家致富"的扶贫项目，带动近600户农民，种植面积超200万 m^2，带领150户农民实现年增收3~5万元，协助50户贫困户脱贫致富。该村由 FG 县团县委和林业局挂钩帮扶,并派驻干部脱产驻村协助开展精准扶贫工作。GS 村抓住益肾子果实特色产业优势,打造特色品牌,采用"公司+合作社+农场+种植大户(贫困户)+自媒体(互联网)"一体化合作经营模式,从市场出发联动优质作物品种的引进、示范,与农民签订购销合同,使益肾子流通实现农业生产的市场化运作。

(六)衔接乡村振兴,打造田园综合体

初步规划构想围绕"党建+产业",依托合作社整合全村自然、资金、技术、人才资源,在做大做强益肾子产业的同时,拓展农业休闲观光功能,将益肾子果树基地建设成集种植、养殖、农耕体验、餐饮垂钓于一体的田园综合体,以吸引更多的游客前来观光并采摘,并配合拉动当地农业,如桃金娘、西瓜及小龙虾等产业发展观光旅游产业。

四、GS 村益肾子宣传与推广策略

该公司将新增流转土地 8 万 m^2,其中 6.7 万 m^2 用于益肾子优良品种种植示范基地、1.3 万 m^2 用于搭建专业苗棚,应用生态栽培关键技术,遵守可持续发展的理念,致力于以有机技术和生产方式改善农业,坚持不打农药、使用生物有机肥,发展生态循环、特色高效农业,有效提高益肾子的质量、产量和市场竞争力。

(一)技术示范推广

益肾子育苗基地采用土壤生物有机培肥技术、平衡施肥技术,安装水肥一体化灌溉设备,科学施肥、节水灌溉,使益肾子苗木在吸收水分的同时吸收养分,实现少量多次,减少因挥发、淋洗而造成的肥料浪费,提高肥料利

用率和水资源效率，做好排水工作，以防水涝造成病虫害，有利于为 SJ 镇益肾子优良苗木培育示范推广节水灌溉、肥药减量控害等生态环保技术。合作社将组织技术示范推广培训 20 次，技术受益群众可达 2 000 人次。

（二）推广技术，增强影响

目前该公司已在全国置 50 多个分销商，引导成员和村民参观种植超过 2 000 余人次，组织团队在两广各市推广，直接下乡开展种植座谈会 10 几场，派发 5 万份益肾子相关知识手册，让更多的村民认识益肾子、认可益肾子，使农民的益肾子种植技术大大提高，带动山区农民发展益肾子致富之路。其次，积极开展技术培训，除推荐成员参加省、市、县举办的各项农业技术培训外，还邀请专家来基地进行技术指导，对成员进行定期技术培训，组织种植能手到外地参观学习，并坚持回访各地种植户，提供免费技术指导，协助建园种植。

（三）加强科研合作与实验、示范

积极推动企业与各大科研院所合作，加强益肾子科技攻关。如与增城区某研究所合作，提供益肾子五大品种苗木。广西一家研究所引种了益肾子苗，开展引种研究。另外，与广西果商合作，建设了益肾子种植示范园；与一家科技公司合作，建设了珠三角益肾子种植示范园，带动当地农民发展农业。

该公司积极开展技术培训，除推荐成员参加省、市、县举办的各项农业技术培训外，还邀请专家来基地进行技术指导，对成员进行定期技术培训，组织种植能手到外地参观学习，并坚持回访各地种植户，提供免费技术指导，协助建园种植。

(四）品牌建设

该公司对成员的收成实行"统一收购、统一品牌、统一销售"制度，协助完成商标注册，设计品牌卡通人物，通过不断运用新理念、新举措，来强化品牌形象。例如在益肾子果树结果期间，该公司曾策划举办全省性庆典活动，吸引全省11个市、县600多名种植户和分销商前来考察与签约。利用CCTV《发现品牌》栏目、广东南方卫视、网络媒体等进行报道。积极参赛并多次获得省、市级奖项。

2019—2020年"双十一"活动期间，首先，举办"FG益肾子果节"，开展益肾子剥皮比赛、益肾子开壳比赛、益肾子高尔夫、免费试吃益肾子和免费品尝益肾子酒等活动，吸引了大量游客。其次，加大在线及线下推广力度，线下举办珠三角产品推介会、中国第九届农业博览会内领头雁专馆、电商节及FG县人民广场设展等活动，以推广销售益肾子产品；线上同步在抖音进行广告投放，如对果实和苗木施以标准化、系统化、专业化运营，打造益肾子产业供应链，并与百度、微信、淘宝等知名运营商签订营运合同，以实际行动提升品牌知名度与美誉度。

五、GS村治理重点方向

（一）加强公共与文化建设

拓宽GS村主干道及路灯亮化工程，将公交车路线延长贯穿GS各个片区，增加受益区域；另拟筹划成立醒狮队等，配合参与宣传活动，传播传统文化特色与优势，增强文化振兴及带动观光发展，以提高当地经济收入与人民所得。

(二）高效整合、流转土地，发展集体经济

加快全面兴建产业道路及水利建设，招商引资发展产业，通过进一步探索发展"一村一品"益肾子果实产业，申请地标、蜂业、林下经济及推动康养城建设等，加快产业振兴。

(三）加强党建引领，发挥党员先锋模范作用

实施与宣传"三会一课""四议两公开"等制度，规划实施党员人才回乡计划，即拟订"头雁"工程与"青苗培育"工程计划，即适时推动与评选返乡创业青年、退伍军人等优秀农村青年入党，选优后备干部、动态储备村级后备干部数名，在村试岗、镇跟班学习，落实人才储备与接班、进用。

(四）加快各村美丽乡村建设

做好农村人居环境整治、河道治理，逐步升级集中供水工程，各项基建升级，加大"扫干净，引回来"号召力度，有效吸引人才返乡就业、创业，夯实人才振兴基础。

(五）问题导向、补齐短板

1. 配合土地资源，发展集体经济

依托优越的地理区位和生态环境，围绕建设生态宜居美丽乡村的目标，以全局推进农村人居环境综合整治为契机，统筹规划，整合各类资源，继续发展壮大村级集体经济。

2. 整治生态环境，打造宜居乡村

加快地方美丽乡村建设，做好做优农村人居环境整治、河道治理，逐步升级集中供水工程，拓宽村内主干道路，以及持续推进路灯亮化工程，依托优越的地理区位和生态环境，打造宜居旅游环境，带动吸引年轻人返乡创业、就业，为农村发展注入活力。

3. 发展现代农业，引领群众致富

整合、流转集体土地，继续发展壮大村级集体经济，加速道路扩宽、兴修水利，招商引资发展"一村一品"益肾子产业，暨其他如桃金娘、西瓜、三华李等作物，提高就业率，增加农民收入，提速产业振兴。

4. 致力人才引进，实现良性循环

优先汲引返乡创业青年、退伍军人等优秀农村青年入党，以培育新型农业经营主体，吸引人才返乡创业就业，使人才、土地、资金、产业形成良性循环，创造绩效。

产业振兴是乡村振兴的基础，而人才振兴是乡村振兴的关键因素。GS村持续以益肾子种植、广栽、推广与展示等为主体，延伸发展经济、增加村民收入，并吸引及带动村民参与，吸引青年返乡创业、就业，深挖GS村红色资源，打造基层治理的教育示范基地，壮大党员队伍，创新人才建设服务体制及机制，逐步实现GS村产业振兴。

【思考题】

1. 村书记对GS村实施脱贫及振兴措施，主要是以哪些举措去推动与发展的？

2. 根据你的工作经验,谈一谈推动该工作困难的地方还有哪些?

3. 对于 GS 村的振兴,你认为还需要何种组织设计与功能运作?

4. 请讨论为什么益肾子的种植能够带动农民增收,但依然未能形成产业链,土地资源也没有得到有效整合,未起到壮大集体经济的"倍增"效用?

5. 请讨论如何使村民自治组织吸引年轻人加入运作?

6. 如果你是调研组一员,请结合调研结果和该村治理绩效再提出兴革意见。

观念转变与制度选择
——Y 市宅基地改革

唐海生

我国正处于快速城市化阶段，随着越来越多的农村人口外流，相当一部分农宅农房"闲置"便成为广大农村，尤其是中西部传统农村经济社会发展的必然现象。基于此，如何充分利用农村业已闲置的农宅农房资源、充分显化农村土地价值，进而有效增加农民财产性收入、缩小城乡居民收入差距、促进城乡融合发展，便成为社会各界广泛关注的一项重要议题。

宅基地是农民重要的财产权利。长期以来，农村宅基地制度为农民提供了"居者有其屋"的基本制度保障，奠定了农村社会稳定的基础。有研究认为，在我国漫长的农业社会发展史上，倡议或实施不同的宅基地与耕地制度，对于国家政权的稳定与更迭、社会发展的进程与走向都有着十分巨大的影响。

为此，在 2015 年初启动的"三块地"改革试点中，农村宅基地改革被称为我国农村土地制度改革必须要啃的"硬骨头"。而且，在 2016 年 9 月党中央决定进一步统筹协调推进三项试点，把农村土地征收制度改革和集体经营性建设用地入市改革扩大到现有 33 个试点地区时，农村宅基地制度改革仍然维持在原 15 个试点地区。其中，Y 县作为 M 省唯一试点县，承担了开展农村宅基地制度改革试点工作的任务。

一、Y县宅基地基本情况

（一）Y县宅基地总体情况

Y县，原是M省N市下辖的一个县（2018年撤县设区，因拆迁事件主要发生在撤县前，文中仍然用"Y县"），地处M省东北部，土地面积932.8 km²，人口38.5万人，共辖11个乡镇，7个农垦场，113个村委会，1 040个自然村，全县7.3万户农户。地势以低丘岗地为主，南北有少量丘陵，中部为河谷平原。

20世纪后期，随着人口高速增长，Y县农村大量土地被用于宅基地建房，Y县大部分规划的农村宅基地都已经用完。Y县三改办资料显示，改革前，在全县7.3万户农户中，有一户多宅2.9万户（占比39.7%），一户一宅4.4万户（占比60.3%），其中超起征面积户数1.7万户（占一户一宅户数的38.6%）；农村宅基地9.24万宗，其中闲置房屋2.3万栋，危房8 300栋，倒塌房屋7 200栋。宅基地92 350宗、面积3 133.3万 m²，附属设施10.2万间（包含厕所2.8万间，厨房3.2万间，猪牛栏2.2万间，柴火间、仓库2万间）。闲置宅基地（含闲置农房）11 781宗，面积161.2万 m²。按户籍情况划分，宅基地对应户籍人口已全部迁出本集体的3 386宗，面积47.59万 m²；宅基地对应户籍人口仍在本集体的8 395宗，面积113.61万 m²；按地上建筑划分，无建筑物的1 790宗，面积27.03万 m²，有建筑物但农房已不符合安全标准也不适宜居住的5 592宗，面积79.87万 m²，有建筑物且可以正常居住的4 399宗，面积54.3万 m²；按闲置时间划分，近1年内原户主未在此居住的5 334宗，面积69.93万 m²，原户主未在此居住达1至3年的4 228宗，面积60.56万 m²，原户主未在此居住达3年以上的2 219宗，面积

30.71万 m²。全县村庄建设用地面积5 200万 m²，人均建设用地面积近170 m²。

一方面，近四成农户"一户多宅"，近四成农房闲置废弃；另一方面，违法建房屡禁不止，2012年至2014年共发生2 600宗，与当年合法审批宗数相当。这种情况给Y县土地使用带来了巨大困难。当下一代成家立业需要盖房子的时候，却找不到地方，一些农民就把新房子建在自家的农田，房子越建越多，农田耕地越来越少。然而随着进城务工潮开始，村里不少房子开始空置，并且一空置就是十几年，风吹雨淋后破破烂烂，而房屋主人却不愿意拆迁。加之没有统一规划建设、公共设施没有跟进等多重因素，导致农村人居环境脏乱差。因此，对Y县来说，推进宅基地改革迫在眉睫。

（二）Y县宅基地闲置的基本类型

第一类是进城务工导致的阶段性闲置。由于第二、第三产业发展水平较低，经济机会有限，外出务工是Y县的社会常态，很多家庭甚至选择全家进城务工、经商或半工半耕。在大量人口外出务工的大背景下，Y县农村住宅就出现了阶段性闲置状况。大部分外出务工家庭选择，农闲时外出打工，农忙时返乡务农；平时外出打工，春节返乡过年；年轻时进城务工，年老时择机返乡；年轻子女在外务工经商，老年父母在村留守生活。在Y县，大约有50%的农户都处于这种情况。

第二类是城市化导致的闲置。随着城市化进程的不断加快，城市拥有更多的经济机会、更优质的教育资源、更完善的基础设施和公共服务，为此，农户开始迁移进城市居住。农户进城主要分为两类：一类是脱离农民身份的群体。这类群体出身农村但通过求学等途径进入城市。对这类群体而言，农宅农房已成为闲置资源。他们希望将闲置的农宅农房利用起来，最大化发挥其经济价值。当然,也有部分人希望能保留农宅农房,以备今后归依田园。另一类是进城务工的群体。在城市化过程中,有的农户率先进城买房落户。但他们也认识到:进城买房只是支付了进城生活的一次性成本,是否可以高质量地实现城市化,更要取决于是否可以获得稳定的工作机会和基本的社会保障。因此,他们希望保留农村农宅农房农地,以作为"返乡退路"。

第三类是缺乏管理导致的宅基地闲置。改革开放以来,农村地区大体经历了三次建房潮。在历次占地建房过程中,由于基层土地规划水平和土地管理能力滞后,农村建房往往"建新"并不"拆旧",甚至超标建房,因此,农村地区一户多宅情况较为常见,且新房建成后,老房子往往用来放置农具或由父母居住使用,由此产生了部分农宅农房闲置问题。

二、宅基地改革面临的困难

(一) 农业县引致的财政压力

根据Y县宅改试点的总体规划部署,Y县的宅改试点的目的是"建立宅基地退出机制""建立宅基地有偿使用机制""建立宅基地竞价分配机制"及"规范公共用地使用"四方面。若由政府主导宅改,则预期经济成本将十分巨大。但现实却是Y县作为传统的农业区县,其财政收入非常有限。

(二) 城乡分化下的复杂利益情绪

作为传统农业区县,Y县农民的收入水平与城市居民相比有差距,而且农民不能像城镇居民一样获得住房增值带来的财产性收益,宅基地的居住保障功能成了农民仅有的权益。在此情况下,农民认为自己在农村多占宅基地或超标建设是一种对自己的另类补偿,因而并不完全认同政府的宅改政策。

例如，Y县L村村民庞某认为："我们这些农民本来就没啥钱，在村子里也就这些宅子（指宅基地和住房）算得上拿得出手的家业，凭啥说拆就拆呀？那城里人（指市民）这一套接着一套的买都行，我们在自家村子里买宅子扩建就不行？"

（三）难以割舍的"沉没成本"

村里许多农户已经对多占、违建的宅基地进行了投资建设。这些投资小到几万的违规附属设施扩建，大到几十甚至上百万的住宅建设及装修，农户的多数工资性收入凝结在了宅基地和住房当中，虽然价值无法在住房市场显化，但在农户看来却是自家的盈余性固定资产（既得物质利益）。一旦被拆除或要求交罚款，自己对违规宅基地的投资就变成了"沉没成本"。例如，在Y县O村村民易某看来："我这房子（指多占的一处宅基地）是我大儿子辛辛苦苦在外面挣钱换来的，每天做生意（餐饮生意）起早贪黑，存的30多万都投到这里面了，要是拆了，我们投的钱怎么办？"

（四）特殊的财产观

1. 祖业观

在Y县，各宗族型村庄都保持着较强的祖先崇拜，这也塑造了他们独特的财产观——"祖业观"。从长辈处继承而来的宅基地及附着的房屋，是自己家族的"祖业"。而作为祖业的宅基地，则需要继续传承下去，这种传承象征着家族的兴盛不衰，既有家财，也有人。传统宗族社会中，强宗大族都通过购买田地，兴建祠堂，修建学校、庙宇等来彰显家族的强大，田地是宗族兴盛最主要的象征之一。只有家道中落的家族，才会不得已出卖家业和田地。卖田卖地、守不住祖业,是家族衰落的象征,也会被当成"败家"的象征。例如,Y县F村村民王某所言:"宅基地那就是祖业啊,和田地一样,都是我们的命根子。要是在我这里丢了,活着的时候会被看成家道中落,老了(指离世)也无颜见列祖列宗。"

因此,为了家族的兴旺延续,Y县村民常常持有为子孙后代置办恒产、修祠堂、保留祖屋的观念,试图以这种方式守住祖上的土地,使其世代绵延。例如,Y县F村村民陈某,家中有两块宅基地,一块宅基地上是儿子建的新房,另一块宅基地上是老宅,老宅年久失修,十多年来未曾住人。基于一户多宅与房屋长期闲置的现实,其被列入宅基地退出的范围。陈某为防止拆迁队拆自己家的老宅,便一个人搬到破旧老宅居住,绝不同意拆除,任儿子和儿媳怎么劝说,都不愿意搬回与儿子和儿媳同住。其理由是:"这块宅基地是我们祖上传下来的,世世代代都使用过,不能在我手里没了,我还要传给我儿子,继续传下去,除非家里没人了。"

2. 产权的历史继替性

Y县农户土地产权观并非是对土地(宅基地)产权关系的现实描述,而是对土地所有权关系的历史继替。他们往往不承认新法规下的产权,而认同自己过往的事实占有。而且,由于这种观念在当地的普遍性,已经成为当地一种共识性的"非正式地方规范"。

例如,Y县F村村民杨某在2000年拆除祖屋,并在原有地基上重建两层楼房,房屋占地面积较大,主屋加附属房共380 m^2。按照规定,家中有老人,每户占地面积不得超过300 m^2,面积超50~100 m^2 的罚款15 元/m^2。杨某家中宅基地超80 m^2,需要交1 200元的宅基地有偿使用费,但杨某拒不交款,且态度坚决。杨某认为:"这块宅基地从我爷爷开始就一直在用,我父亲也是在这里建的房子,自己家里传下来的,为什么到我手里就要交钱?"

并且他们依据这种产权关系的历史继替性，对产权的变更提出补偿。例如，Y县A乡政府所在的街道本属于F村的土地，后来政府利用一片山林与F村置换这块土地的使用权。乡政府建好后，有土地剩余，其他自然村的村民向政府购买该剩余土地建房，F村以这片土地是F村祖业为由，要求向建房者收取一定的费用。F村村民认为："我们收取的费用体现了土地归我们家族。"再如，F村村民杨某，在宅基地制度改革过程中，拆除了其父亲留下的破旧祖宅，退出宅基地，对此，老人很不满意，并以祖业为由，要求获得4万元的经济补偿。

3. 独特的归葬观

在Y县村民的观念中，一个人出生于该村，那他的"根"就在这里，生和死作为人生中的起点和终点都应在村中。而宅基地是保障自己能够在过世后回屋停棺的重要场地，不能轻易放弃。

三、Y县改革的措施

为了应对宅基地改革试点中的困难，Y县主要采取了如下措施。

（一）建立四级联动机制

Y县通过四级行政联动机制来协调各级宅改工作。Y县在宅基地制度改革过程中，形成了县、乡、村、组四级联动机制，确立了六类主体，分别是县领导小组、县宅改办、县成员单位、乡镇党委和政府、村委会和村民事务理事会。在宅改执行工作正式启动后，Y县政府迅速向乡镇、村、组三级干部传达执行命令，按照宅改政策文件进行封闭酝酿和模拟演练，迅速启动自己所属层级的宅改方案。乡镇政府作为主体责任机构对宅改工作进行指导和传达上级政策命令，保证宅改方向符合国家及县政府要求；村两委负责监测宅改进度及情况，与宗族代表及乡贤们组成的村民事务理事会紧密联系，若宅改中发生冲突和矛盾，可及时向乡镇政府反映；宗族代表则直接对村民事务理事会负责，宅改方案通过村民事务理事会决议后，宗族代表立即对自己所辖宗族村庄实施宅改。

（二）充分利用村民自治组织——村民理事会

Y县在全县1 040个自然村建立了村民事务理事会，理事会是在村两委领导下的村民自治组织，推选出8 752名村民担任理事。各自然村村组均派出组长或其他宗族代表加入。政府对入会的村组长、宗族代表等人员进行封闭式的宅改政策培训，既演练执行实务，也提升政治觉悟。待这些人员政治思想和执行能力都达标后，政府便正式将本应属于行政村村两委的"宅改治权"直接下沉到自然村村组（宗族型村庄）。在遵守县委整体宅改方略的前提下，村民事务理事会享有一定的"宅改决策权"，可根据实际情况制定本村的宅改细则。同时，政府赋予各自然村村组长（一般是该村的宗族代表）"宅改执行权"。行政村村两委则作为宅改的监督和协调主体，对各自然村进行持续的宅改政策指导。为进一步加强村民理事会在宅改中的作用，2015年，Y县颁布了《关于进一步加强村民事务理事会建设的实施意见》，以加强村民理事会的建设。该实施意见规定，村民事务理事会由村党支部或上级部门组织召开的村民代表大会推选产生，其中村民代表每5~15户推选1人。

在宅改过程中，Y县8 000多个理事会成员，为了集体利益，大胆干活，不怕得罪人。而在外做老板赚钱的"乡贤"也大力支持"宅改"。例如Y县L村宋某，在"宅改"过程中，身先士卒，率先退出了自家的老宅，并劝说"一户多宅"的丈母娘腾退多占房屋，在L村起到了良好的表率作用。而远在他乡的乡贤们，也给予了宅改大力支持。在外从事眼镜批发的乡贤宋某专程还乡支持"宅改"，并捐资80万元用于村口广场建设。

（三）给地位或身份

作为Y县里的乡村精英，比起宅基地改造的经济补偿，他们更希望获得官方的认可和肯定，这是比守着几间旧屋更大的荣耀，是自己及家族兴旺的更好证明。

为调动宅改积极性，Y县对宅改表现积极的理事实行奖励性的"政治吸纳"。如规定按期完成政府宅改任务的理事可在通过政府考评、群众认可后，择优晋升为村干部或乡镇政府在编人员。表现优异且具有参政、议政能力的人员还可进一步被选举为Y县党代表、人大代表、政协委员，给理事以政治荣誉和政治地位。如，因宅改工作突出而获得"Y县十佳优秀理事长"的P村理事长潘某，被评为"Y县十佳共产党员"的W村理事吴某，他们不仅本人在宅改后拥有了较高政治殊荣，也让其所辖村庄成为周围各宗族型村庄效仿的典范。

但由于正式编制有限，Y县创立了"四级行政联动机制"，即"县-乡镇-行政村-村小组"政策动员体系。Y县将积极投身宅改、参与家乡建设的宗族代表树立为典型，增强其在所辖村组的社会声望。

（四）经济补偿

推进宅基地自愿有偿退出，对促进农民增收、盘活土地资源具有重大现实意义。虽然面临着较为严格的财政预算约束，Y县仍然通过采取多种举措，丰富了宅基地补偿资金来源。

首先，Y县将宅改工作拓展为"一改促六化"（农业发展现代化、基础设施标准化、公共服务均等化、村庄面貌靓丽化、转移人口市民化、农村治理规范化)。如此一来，宅改工作便可以配套使用新农村建设项目、国家扶贫项目、保障房建设项目等项目资金，使得政府有了对村民进行经济利益置换的财政基础。其次，建立怨气补偿机制，缓解预算压力。与以往的政府经济补偿行为不同的是，此次宅改中与村庄或村民发生的经济利益置换大都属于间接或远期利益置换，并不是当期补偿或等价交换。如 Y 县出台规定："宅改工作由县、乡（镇）组织验收，验收合格后可列入新农村建设项目申请名单。""对于自愿退出自己多占宅基地但在未来可能确有真实居住需求的农民可以采取'台账管理'，即记账暂不兑现，待未来新申请宅基地交纳择位竞价费时兑现退出补偿。"最后，多方筹措，丰富资金来源。例如 D 镇 F 村桥西殷家利用村集体自有资金，H 镇 W 村利用与土地增减挂钩收益，H 镇 J 村向 H 镇借宅基地退出拆除房屋补偿款 39.16 万元，C 镇 U 村邓家理事会成员共垫资 28 万元。

（五）开展丰富多样的舆论宣传

鉴于"祖业观""归葬观"等传统观念在村民心中根深蒂固，且宗族型村庄中具有较强的信息共享网络，Y 县开展了丰富多样的宅改宣传：一是通过新闻媒体，及时对改革典型事、典型人进行宣传报道，弘扬改革正气，在电视宣传报道 75 条，在 Y 县手机报和 Y 县日报分别报道 56 期和 80 篇。二是通过微信、短信、微电影等形式宣传改革政策，点赞改革先进事迹。为此，县、乡、村、组共建立 760 个工作微信群，群发短信 26 万条。三是通过制作宅改宣传栏，书写宅改标语，提升广大群众的知晓率。在此期间，Y 县共制作 2 960 条宣传标语和 816 块户外宣传牌。四是通过向全县农民分送《致农民朋友的一封信》、宣传画、宣传册、知识问答等宣传资料，将改革政策送至千家万户。在宅改过程中，Y县共发放政策手册（含知识问答读本、一封信、画册等）32万份，派送一次性宣传纸杯10万个。五是利用流动宣传车到各村开展巡回宣传，并通过编排通俗易懂的宅基地制度改革主题的小品、快板等，到乡（镇）演出，激发广大群众的参与热情，做到宅改试点工作人人知晓、深入人心。六是通过带领村组党员干部、理事、群众代表参观前期典型宅改点，从感性上认识到改革的好处，充分发挥榜样作用。Y县共组织18试点村组、村民理事、群众代表、乡贤代表集中封闭培训，每月组织工作推进会、参观交流会。

（六）充分利用宗族关系

"清除一户多宅""对超标占用的宅基地收费""宅基地改无偿分配为有偿获得"和"整治无序丧葬用地"是宅改的核心任务。对于这些触及村民既得利益的改革措施，Y县充分利用了当地普遍存在的宗族关系。首先，鼓励宗族代表身先士卒。通过四级联动机制和村民理事会等，充分吸纳宗族代表，鼓励他们身先士卒，对家族其他成员起到模范带头作用。例如，Y县O村朱家村组的宗族代表朱某为了有效打开本村宅改的工作局面，率先把自家耗资近20万的违规宅楼拆除。随后，朱家村组的违规房屋在短短一天时间内就拆除并清理完毕。宗族代表的表率对宅改带动作用明显，特别是在人口较少的小规模宗族型村庄。其次，以差序格局为依托，逐步开展动员工作。在完善自身宅改后，依据差序格局，宗族代表分步骤对相关亲属开展工作。先对近亲属（亲兄弟姐妹、堂兄弟姐妹、亲叔侄等）开展宅改谈判工作。由于强血缘和亲缘关系构成的"家中人情"和"血脉亲情"使得宗族代表不用担心近亲属日后会与自己发生重大冲突，因此对确实不理解、不支持的亲属，也可以采取"先拆再说、我来担责"的做法。例如，Y县F村殷某拆除了自己亲大哥的多占宅基地，H村党支书黄某退了亲二哥的闲置宅基地。但事实表明，近亲属宅改户即使存在不满，最终也并没有去找宗族代表的"麻烦"，更没有出现到政府上访的情况。在对自己的核心家庭和至亲家庭完成宅改后，宗族代表便开始对自己所辖的宗族进行全面动员。宗族代表常常领着宗族中"辈分高、威望高"的宗族耆老或"能力强、人脉广"的宗族乡贤一起去宅改户家中，对其他宗族成员进行劝说。宗族代表的"人情与面子"再配以有信用保证的远期或间接利益置换，多数涉及宅改的宗族成员转而接受，进而支持此次宅改，按照规定"拆房迁坟"。例如，Y县H村胡某在分享自己经验时说道："我跟同宗兄弟（指同宗族中的同辈族人）做宅改思想工作时，拍着胸脯保证了只要他退出现在多占的宅基地，就能先给他记在村委会的台账上，以后他儿子要分户的时候可以按退出的标准再给他折算分配面积，也是因为信得过，他也就退了。"

对于年龄较大且在宗族中比族长辈分还高的人，则由村干部协助宗族代表积极联系他们在外工作的子女。年轻人思想开放，对新观念容易接受，当这些宅改户不理解长远利益发展等问题时，宗族代表便拿着经济利益置换政策与其年轻子女沟通，让他们知晓宅改的好处，并获得他们的支持。再让这些年轻人通过打电话或是专门回乡面谈的方式，劝说父母配合宅改工作。在子女的不断劝说下，其他不肯配合宅改的宗族长辈也开始转变态度，最终同意宗族代表的宅改要求，对自家违规占用的宅基地或坟地进行整理。

四、改革成效

2017年6月28~29日，国土资源部相关领导赴M省Y县，督察农村土地制度改革三项试点工作时，充分肯定了Y县农村土地制度改革试点工作取得的成效，认为Y县宅基地制度改革试点工作走在了全国前列，发挥了示范作用。宅基地制度改革试点，取得了系统推进农业发展现代化、基础设施标准化、公共服务均等化、村庄面貌靓丽化、转移人口市民化、村庄治理规范化的"一改促六化"的积极成效，形成了独具特色的 Y 模式。

截止到 2018 年 7 月，Y 县共退出宅基地 32 491 宗（301.8 万 m^2），其中有偿退出 5 969 宗（65.5 万 m^2），无偿退出 26 522 宗（236.9 万 m^2），退出宅基地复垦 66.1 万 m^2；村集体收取有偿使用费 7 430 户，共计 1 115 万元；312 户农民退出宅基地或放弃建房申请进城购房落户；发放农民住房财产权抵押贷款 1 500 万元。

【思考题】

1. 请概括 Y 县宅基地改革面临的主要困难和采取的主要措施？
2. 请解释 Y 县宅基地改革为什么会成功？

电梯加装：多数同意，就可以进行吗？

王小民　杨秀平

为适应社会经济发展，完善既有住宅的使用功能，提高宜居水平，2018年政府工作报告首次提出"鼓励有条件的加装电梯"，2019年政府工作报告明确提出"支持加装电梯"。2020年7月国务院办公厅发布了《关于全面推进城镇老旧小区改造工作的指导意见》。经过住房和城乡建设部调查摸底，全国2000年底以前建成的老旧小区大概是22万个，涉及居民近3 900万户。

从改造内容看，其分为基础类、完善类和提升类三类。基础类涉及居民基本居住条件和居住安全、日常生活保障的基本设施；完善类是指满足居民改善型生活需求和生活便利需要的改造内容，比如加装电梯；提升类主要是指养老、托育等城市公共服务的供给。从组织实施机制来看，居民是改造主体，要建立居民参与机制。从出资机制来看，本轮老旧小区改造资金由政府、居民和社会力量合理共担——基础类改造由政府资金重点支持，完善类改造部分由居民出资，提升类改造鼓励社会力量参与。

对于老旧小区改造来说，大多数人还是挺支持的，毕竟老旧小区改造后，改善了老小区的居住环境，使得老小区的居民居住体验有所提升。在改造过程中，讨论度最高的就是加装电梯了，因为这是从步梯房升级到电梯房的关键，可以给业主带来极大的出行便利。老旧小区加装电梯是一项重要的民生工程，可以改善小区内居民的居住条件，能为老年人群体，行动不便人士提供便利。在现实生活中，增设电梯属于对既有房屋的建设改造，不可避免地会对相关业主的生活产生影响，尤其是低层住户与高层住户的利益冲突最为典型，那么，双方的权益应当如何保障？

一、加装电梯的反对意见

虽然老房子加装电梯是方便市民的好事，但也存在争议，持反对意见最大的就是一、二楼的住户。总结起来原因有以下几点：

1. 低层住户对电梯的依赖性不高

因为电梯通常都是利好于高层的住户，有了电梯后他们就不用再爬楼梯出入，但低层的需求不大，一楼住户根本不用电梯，二楼的住户，可以用但使用意义不大。

2. 电梯会影响低楼层的通风和采光、隐私

不同于新房在建筑内部已经配备了电梯，老房需要加装的话，一方面住户要忍受施工过程中产生的噪声困扰，另一方面在加装后，因为电梯是外置式，凸出于建筑外面，会挡住楼层的光线和空气流动，影响最大的就是一楼和二楼了，因为老房子大多都建得比较近，加装电梯后遮挡了一楼的采光和通风，导致居住体验会更差。另外，加装电梯后，一楼的隐私性就更差了，因为人们在电梯上可以清楚地看到一楼室内的情况，导致一楼隐私性不好。另外，电梯运行的噪声对用户也有影响。

3. 楼层之间的价值会发生逆转

按照过去的逻辑，步梯房都是一楼和二楼相对吃香，因为不用爬楼梯，占据了出入方便的优势，售价也更高，但加装电梯后一楼出行方便的优势不复存在，再加上本身的采光通风效果都没有顶楼好，导致楼层之间的价值就逆转过来了。高楼层位置更高，空气流通和光线也非常充足，房子升值。因此加装电梯后，会让不同楼层住户的心态发生改变。

二、小区电梯加装引发争议

老旧小区加装电梯近年来加速落地，与之相关的矛盾也越来越多地暴露出来。其中，最典型的问题就是"一楼反对"。安装电梯为何引发争议？2002年建成的某小区，是典型没有电梯的老旧小区，袁阿姨和吴先生所在的楼栋，因为高层住户和底层住户协商不好，直到现在也没定下电梯安装方案。该小区业主90%以上的人都同意加装电梯，只有低层的几个住户不同意。像其他老旧小区一样，该小区老龄化情况比较突出，60%以上的住户家里都有老人，安装电梯的需求急迫。

高层住户的意见主要有以下几点：一是老旧小区加装电梯，是国家推出的一项福利政策，合理合法；二是人都会变老，这是不可抗拒的自然规律，仅从关爱老人的人性化角度，就不应该阻止加装电梯；三是国家有明文规定，只要四分之三以上的业主同意，便可以合法安装。

低层住户反对加装电梯的理由主要有以下几点：一是加装电梯，给低层住户特别是一楼住户带来的采光、通风、噪声等各种影响如何消除？二是加装电梯如果损害老房子承重结构，责任谁来承担？三是公共空间被占用，外观电梯很难看，这些对生活的影响如何化解？四是加装电梯后低层房屋贬值，损失由谁来承担？

关于老旧小区加装电梯表决权上的争议问题。按照《民法典》第278条规定，改建、重建建筑物及其附属设施这一业主共同决定事项，应当由专有部分面积占比三分之二以上的业主且人数占比三分之二以上的业主参与表决，同时应当经参与表决专有部分面积四分之三以上的业主且参与表决人数四分之三以上的业主同意。

邻里之间，为安装电梯，纠纷不断，这样的情况不是个案。老旧小区装电梯受阻，主要的原因是业主协调达不成一致。2015年四川省出台的《既有建筑电梯增设指导意见》，明确电梯增设的重要实施条件是"经增设电梯梯号全体业主住户同意"。2018年8月，四川省参考北京、广州、上海等地做法，由成都市先行先试，成都市人民政府办公厅出台《关于促进既有住宅自主增设电梯工作的实施意见（试行）》，将该条款调整为"既有住宅自主增设电梯应当经本单元、本幢或本小区房屋专有部分占建筑物总面积三分之二以上的业主且占总人数三分之二以上的业主同意，其他业主无异议"。

反对安装电梯的住户认为，安装电梯非常危险，存在安全隐患，应该要评估并且做出质保承诺，责任到人。

三、老旧小区电梯加装成功典型案例

老旧小区改造中"老楼装新梯"，如何避免争议出现？对此，有人提出建议，经本单元、本幢或本小区房屋专有部分占建筑物总面积三分之二以上的业主且占总人数三分之二以上的业主同意即可。也有人提出放宽业主同意率需求的同时，还应细化相关政策及标准，以更好地兼顾高低楼层之间的利益。业内人士建议政府执行相关配套政策，引导社会资本积极参与，创新电梯加装商业模式，细化工程技术规范、合同文本、居民费用分摊比例、使用收费标准，维修保养费用分摊等具体内容。此外，老楼加装电梯也需要统一的技术标准来指导加装工作。

我国城市社区改造中，积累了较多成功经验。2023年，ZJ省H市BF社区165个多层住宅单元全部加装好电梯，成为该省首个实现加装电梯区域全覆盖的试点。BF社区属于建设时间较早的拆迁安置房小区，对于加装电梯的需求大。改造前，所在街道及社区工作人员进行大走访、大调研，让群众当设计员和监督员。为解决单元楼加装电梯居民意见难统一的问题，楼道

长、老党员、社区书记等挨家挨户协调，全力解决业主之间加装电梯的矛盾，消除居民顾虑。在加装电梯过程中，采取实地考察加圆桌会议的形式，现场答疑。社区加装电梯资金由业主和政府共同承担，与此同时，对整个小区进行统一规划、整改、建设电动车充电桩、污水零直排、休闲健身设施、停车场等项目。

在老旧小区电梯加装的问题上，G市通过制度性安排解决发展中遇到的瓶颈问题。由于涉及住户人数多，业主各有诉求，许多旧楼安置电梯工作进程久拖不决。2016—2020年，G市先后出台《G市既有住宅增设电梯办法》，涵盖程序规定、技术标准等一系列规范性文件的制度体系。2023年，G市YX区先行先试打造了一批加装电梯示范区，SY路34号大院安装电梯工作进展迅速。为依法有效化解旧楼加装电梯协调难等矛盾纠纷，G市坚持和发展新时代"枫桥经验"，健全协商协调机制，把普法释法融入电梯加装矛盾纠纷调解全过程，实现加装电梯纠纷隐患排查全覆盖，预防无死角。通过办理旧楼加装电梯行政复议案，相关政府部门人员深入现场一线，加强对电梯选址、通风采光、结构安全、消防通道等规划焦点问题的调查审查，在支持旧楼依法加装电梯的同时，切实保障低层业主的合法权益。

针对是否该用公共财政补贴电梯加装的问题，2015年9月，G市法制办在其官方微博上发布《旧楼加装电梯需补偿参考标准提案办理后续情况说明》，表示相关研究报告已由G市不动产研究会完成，并将在其微信公众号"G市不动产研究会"上公布研究成果，并拟公开征求和征集社会公众对出资分摊方案的意见。从后来政策实施情况看，G市对加装电梯提供了政府资助。

既有住宅加装电梯，是对老旧住宅配套功能缺失的改善和弥补，以提升老旧小区居民的居住和生活品质。老旧小区加装电梯问题，不仅是如何保障法律的实施，更是各方利益再平衡的过程。在实践中，虽然《民法典》未明确加装电梯属于哪一类业主共同决定事项,但通常认为,加装电梯事项属于《民法典》第 278 条规定的"改建、重建建筑物及其附属设施"。据此,对于加装电梯事项,应当由专有部分面积占比三分之二以上的业主且人数占比三分之二以上的业主参与表决,并且应当经参与表决专有部分面积四分之三以上的业主且参与表决人数四分之三以上的业主同意。

为减少争议,考虑各方利益,面对高、低层住户的矛盾,可以参考以下合理化建议:①高层住户理应补偿低层住户的损失,如安装电梯造成的噪声、采光、房屋贬值等,补偿标准应该明确。②如因安装电梯造成的房屋结构受损,责任应由同意安装电梯的住户承担。③加装电梯的运行、维修、保养等费用应由同意加装电梯的住户承担。④加装电梯运行过程中产生的安全事故,相关责任也应由同意加装电梯的住户承担。

【思考题】

1. 有业主提出:"当时买的就是没有电梯的房子,为什么要装电梯,安全通道怎么办?有没有考虑过我们的利益?"你认为该加装电梯吗?

2. "只要一户不同意,电梯就装不了"的政策是否应该调整?

3. 低层和高层业主之间的利益问题,你认为是否应该让政府来补偿,为什么?

N 市 HS 区政府购买养老服务的新型养老模式何以成功？

文净

随着人口老龄化程度的不断提高，我国老年人口数量日益庞大，养老问题日益突出，并且逐渐成为当今社会关注的热点。传统的"家庭养老"的功能不断弱化，而单纯的机构养老不能满足广大老年人多方面的养老需要，存在着诸多局限性，创新养老模式已刻不容缓。老龄化以及人口高龄化可以说是社会进步的一种标志，但同时也为公共管理带来了更多的挑战和困难，如何解决老人生活问题成为当前面临的重要课题。

作为沿海发达城市的 N 市，其 HS 区老龄化问题突出，为解决传统居家养老和机构养老未能有效解决的养老服务问题，HS 区从 2004 年 3 月起，通过政府向非营利组织购买居家养老服务的方式创新了一种社区养老与居家养老相结合的新型养老模式，经过多年的运作与发展，至今仍在延续，富有成效地解决了当地老年人群体的养老问题。这一政府创新的举措获得多项殊荣。2005 年 11 月 3 日在北京召开的社区服务交流大会上，HS 区荣获全国唯一的"居家养老示范区"称号。2008 年 1 月，HS 区的政府购买居家养老服务获得了第四届中国地方政府创新奖优胜奖。N 市 HS 区政府是如何进行养老模式创新的？这一模式有什么特点？其成功的原因何在？能否复制到其他地区？都是值得我们思考与讨论的问题。

一、HS 区创新养老模式的背景

N 市是沿海发达城市，其人均生产总值达到国内前列，中国社科院组织的城市综合竞争力排名中，N 市一直稳居全国前十位。HS 区是整个地区的政治中心、文化中心、经济中心，且历史悠久，区域经济发达，基础设施完善，交通便利。在此背景下，HS 区的人口老龄化的发展速度在 N 市中也位于前列。N 市老龄办统计数据显示，2000 年 HS 区 60 岁以上老人占总人口 10.3%，2003 年这一数字上升到 13.7%，2004 年达到 15.1%，2005 年上升到 18%。其中空巢独居的老年人有 2.25 万，占老年人总数的 42%。到 2015 年，HS 区社区老年人口已经占到整个地区人口总数的 22.1%。

对于注重家庭伦理关系的中国而言，居家养老是当前我国最重要且最主流的养老方式。居家养老具有经济性、自由性及不脱离老人熟悉的生活环境的特点。但随着老年家庭独子化、空巢化等问题的显现，居家养老的人力资源减少，功能逐渐弱化，已经不能够完全满足"空巢老人""孤寡老人"等老年人的养老服务需求。N 市和 HS 区政府面对城市人口老龄化的发展，多年来一直采用机构养老的方式作为对居家养老方式的补充，将大量的老年福利资金投入到修建养老院等养老机构的建设上，政府的财政压力极大。根据民政部门的测算，建设一个具有基本养老保障功能的养老机构，其初期的固定投入最少为每张床 5 万元，每月每张床位政府还需补贴 250~350 元。除此之外，机构养老方式存在诸多问题，如养老服务机构仍然停留在简单的日常生活照料服务，缺少专业化的养老服务队伍和特色服务项目，养老机构分级护理标准不统一、不精细，缺少必需的老年学习教育、长期照护、保健康复、文体活动等功能，较难满足老年人日益增长的医疗保健与精神文化生活需求，长期照护服务质量亟待提高。一项调查显示，有超过八成的老人更希望能够居家养老。HS 区的养老服务问题成为摆在政府面前的一大难题。

二、HS 区政府购买养老服务的创新

为解决传统居家养老和机构养老未能有效解决养老服务的问题，HS 区从 2004 年 3 月份起选取了 17 个社区开展社会化居家养老服务工作试点，区政府成立了居家养老工作领导小组，主要职责是完善 HS 区、街道、社区三级居家养老服务体系。领导小组组长是分管养老工作的副区长，一位副组长是 HS 区民政局局长，另一位副组长是非营利组织——"HS 区 XG 敬老协会"的会长。N 市 HS 区政府办公室发布了《关于 HS 区社会化居家养老工作的指导性意见》，提出按照"政府扶持、非营利组织运作、社会参与"的工作思路，建立新型的社会化居家养老服务体系，为老年人提供全方位的服务，全面提高老年人的生活质量。其中，在服务方式的第三条中提出："对家庭经济困难，不能自理或半自理，家属又无能力照顾，需要提供生活服务的老年人，由政府通过购买服务的方式解决其生活困难问题。"HS 区政府将购买居家养老服务的资金列入了政府财政预算，每年拨款 150 万元向"HS 区 XG 敬老协会"购买居家养老服务（其中 120 万元直接用于购买每位老人每天一小时的服务，每位老人每年 2 000 元，另外 30 万元用于 HS 区 XG 敬老协会的运作）。

试点一年后，HS 区决定在全区 65 个社区中全面推广"政府购买服务"这一新型养老服务模式。主要政策内容包括：由 HS 区政府出资，通过年度财政预算每年花费 150 万元向非营利组织购买居家养老服务，由社区具体落实家庭服务员，每天上门服务，服务成本为每人每年 2 000 元，购买的服务时间是每个老人每天一小时。凡是辖区内高龄、独居的困难老人，都可享受到这一上门服务。HS 区政府将此新型居家养老服务模式概括为"走进去"和"走出来"的"两走"模式。"走进去"主要针对那些高龄、独居的困难老人，通过政府购买服务，由专门的服务人员走进老人的住所提供上门服

务。包括针对独居、困难老人的志愿者无偿服务、自费购买有偿养老服务、企业志愿为老人购买服务等。居家养老服务人员包括下岗人员、失业人员以及困难人员，工作人员可以到既定的协会进行培训，然后才可以上岗服务。"走出来"是指让那些行动方便的老年人，走出小家庭，融入社区大家庭。老人"走出来"的主要载体是老人"日托服务中心"。HS 区政府创办了 25 家街道、社区老人"日托服务中心"，为老人提供日间的各种服务，包括日托、就餐、康复、休闲娱乐等。许多社区通过创造条件，整合社会资源，拓展老人的日常活动空间，全区成立了 730 余家以老年人为主体的社区民间组织。比如"独居老人联谊会""高血压保健交友俱乐部"等组织，为老人之间的沟通和交流提供了平台。

三、多元主体参与运作

HS 区政府购买养老服务的创新模式构筑了一个多元主体参与的网络结构。非营利组织、基层社区、企业、社会人士广泛参与其中。

HS 区 XG 敬老协会是一个依法注册、成立于 2003 年的非营利组织，拥有近 3 500 名会员。当时区政府在推进政策时，倡导成立了该协会。它不同于一般的老年协会，是国内较少的开展养老服务工作的非营利组织。HS 区将居家养老公益项目委托给 HS 区 XG 敬老协会执行，即社会化居家养老服务中心交给区敬老协会（总会）运作，服务中心分部交给街道的敬老协会分会运作，社区则以敬老协会名义在服务站开展具体服务。

HS 区 XG 敬老协会的运作大致分为两个阶段。第一阶段，自 2004 年 3 月起至 2008 年初，工作重点是给予居家老人有品质的生活关注，即主要实施对居家老人的生活照料，同时进行精神慰藉和医疗康复的服务运作。第二阶段，自 2008 年初至今，在继续关注居家老人品质生活的同时，把工作的着力点转移到给予居家老人有品质的精神关注服务上来，即主要实施使居家老人在精神上得到敬重,做到有尊严养老,在情感上得到慰藉;做到不孤独寂寞养老,在心理上得到满足;做到心情愉悦养老。

XG敬老协会要承担的工作有:①审定需要提供居家养老服务的对象。HS区政府制定政策时,确定服务对象应该是"高龄、独居的困难老人"。在实际操作中发现,有的社区没有上门实地摸查情况,只是从电脑已有的数据中调出资料提交给街道。敬老协会经过逐户上门审核,最后确定有约600名高龄、独居、困难老人能够获得政府为其购买的服务,为政府的政策确定了目标群体。②确定养老服务需求和招收义工。2007年6月,为进一步扩大义工的来源范围,敬老协会创办了"居家养老义工招募服务中心",这是全国首家区级"居家养老义工招募服务中心"。该中心作为敬老协会的分支机构,在协会指导下独立开展工作,主要负责向全社会收集老年人需要的服务信息,确定居家养老的服务内容。服务的内容包括生活照料(日常护理或者特殊护理)、医疗康复(陪同到医院看病、治疗、配药等)、精神慰藉(每天和老人交流,发现老人的需求,排除老人的孤独感),具体内容由居家养老服务员和老人根据需要来共同确定。当内容确定下来后,"居家养老义工招募服务中心"便会发布招募义工信息,指导规范全区的义工招募服务工作。中心不但为社区扩大义工人数,而且也招募高校学生、教师、医生等人群,作为志愿者承担对义工进行培训、为老人提供医疗咨询和精神慰藉等工作。③培训居家养老服务员和结对上门服务的志愿者。服务员是依托社区确定的,主要由一些下岗、失业的生活困难人员以及低龄老人构成。敬老协会专门组织培训5天,敬老协会除了讲述老人的护理常识和健康常识以外,特别强调服务员要掌握老人的心理,建立起亲情服务理念。培训合格者发给"居家养老义工服务卡",持卡者方可上岗为老人服务。政府购买居家养老服务的经费拨给敬老协会之后,协会每两个月提前把每个社区的居家养老服务员的工资划拨到社区,服务员给老人服务后,每月到社区领取工资。敬老协会每天深入社区检查、监督服务情况，如果发现服务没有到位，下一次拨经费的时候，敬老协会从经费中扣除相应的部分。对于老人反映好的服务员，敬老协会还会组织评选出"居家养老优质服务员"，给予精神上和物质上的奖励。④对居家养老的服务质量进行检查和监督。XG敬老协会下设HS区居家养老服务社，有4名年轻的工作人员全面负责辖区内居家养老服务的监督和管理工作，每天必须有2名工作人员深入到各社区，检查居家养老服务员的工作情况，收集老人的服务需求和反馈信息，从而掌握第一手的动态资料。⑤组织各种老年活动，丰富老年人精神生活。针对老人"精神养老"和单身老人再婚问题，敬老协会在N市老年学会的支持下，成立了"N市银龄单身俱乐部"。N市银龄单身俱乐部的场所便设在居家养老义工招募中心，俱乐部的日常运行，也交由义工自行组织落实。一般每月举行一次互动性交友联谊活动，形式多样。

  社区作为这一政策过程的重要参与者，其主要职能表现在：①动员老年人资源，建立起居家养老义工服务模式。经各社区动员，通过敬老协会这个平台，社区中的低龄老人经过报名、培训后，为那些高龄、独居又不能享受政府购买服务的老人，提供上门结对服务。这些义工由XG敬老协会进行亲情服务理念培训，培训合格者发给"居家养老义工服务卡"，持卡者方可上岗从事为老人服务。在此基础上建立"义工银行"制度。即按照"服务今天、享受明天"的理念，敬老协会将义工（低龄老人）的服务时间和服务质量存档，当该义工本人有需求时，可以提出申请，由协会统一调度其他义工为其提供相应服务。具体来说，区敬老协会会同社区居委会，在听取服务对象及有关方面意见的基础上，按A、B、C、D四个档次评定其服务质量。逐一记录义工服务时间和质量，统一存档。若干年后，当该义工本人需要服务时，可提出申请，由协会统一调度其他义工为其提供不同档次对应的服务。如此一来，便激励了低龄老人的参与。基本上解决了HS区所有高龄老人的护理问题。②动员社会力量，创新企业购买和社会认养服务。继政府购买养老服务之后，又在全区范围内推出了自费购买养老服务，为广大老年人提供低偿、优质的养老服务。在社区和敬老协会的宣传与动员之下，企业和社会人士以个人名义也纷纷参与到购买养老服务中来。其中，YD交通集团和DF制衣有限公司两家企业率先分别认购了5万元"居家养老服务券"；另有一些企业和个人直接与高龄老人结对"认养"，即认养一位老人，每月提供给老人200元生活补助金，直到老人去世。③为老人"日托"中心和整合公共卫生资源提供依托，HS区从事老人"走出来"服务的"日托"中心都是以社区为依托建立的。HS区为解决部分群众的看病贵的问题，也依托社区建立了"10分钟卫生服务圈"，老人看病到社区卫生服务站，只需要不到10 min的路程。在家门口看病，大大方便了老人治疗疾病和健康保健，这一便利的社会资源，部分解决了居家养老模式下老人看病难的问题。此外，HS区通过将居家养老跟"81890"社区信息服务平台有效联合起来，为老人提供了专门的全天候的亲情服务，当老人遇到问题时，可以直接拨打81890电话，信息中心的电脑会迅速出现老人的基本信息，从而方便接线员根据实际情况做出反应。除此之外，HS区政府还做了一批一键通电话，在高龄独居的老人家中安装，从而更加方便为老人服务。

案例中，服务中心（站）向老年人提供生活照料、家政服务、探望看护、卫生保健、休闲娱乐、文体教育等养老服务，成效显著。127家社会组织驻点为老年人提供生活、医疗、健康、文体、娱乐、法律等方面的服务。HS区每年有600多名高龄、独居、困难老人享受政府购买服务，有820余名独居、困难老人享受义工结对上门服务，有480余名相对困难老人享受低成本个人购买服务，有287名居家老人享受全天候照护服务，有168名困难老人享受企业认购超时服务，有42名特殊困难老人享受社会个人对其认养服务，有84名身患慢性病和心理疾病老人享受"三合一"家庭团队服务

（社工、义工、社区责任医生组成团队定期入户向结对的困难老人提供服务），惠及较大范围老年人群体。

【思考题】

1. HS 区政府购买养老服务这一创新模式，新在什么地方？

2. 地方政府在居家养老服务提供过程中扮演着哪些角色？其职能如何？

3. 试运用治理理论对该案例进行分析？

4. 在什么样的条件下，政府和非营利组织的合作才较容易出现并发挥作用？

5. 政府购买服务的过程中可能会出现什么问题？应如何避免？

6. HS 区政府购买养老服务这一创新模式为什么会取得这样的成功？HS 区的这一模式可以复制到其他地方吗？并说明理由？

共享单车治理之"GZ 经验"

黄水清

根据《2016 中国共享单车市场研究报告》，国内共享单车发展分为三个阶段：第一阶段是 2007~2010 年，共享单车模式开始引进中国，主要模式为政府主导分城市管理，单车多数为有桩单车。第二阶段是 2010~2014 年，开始以永安行为代表的承包市场单车模式的企业开始出现，单车还是以有桩单车为主。第三阶段从 2014 年至今，互联网的快速发展为共享经济提供了有利条件，以 ofo 为首的互联网共享单车发展了，更加便捷的无桩单车开始取代有桩单车。2016 年移动网民数达 6.8 亿人，智能手机保有量突破 10 亿，这为共享单车的发展提供了有利条件。国内最早的共享单车企业创立于 2014 年，在 2015 年初步发展。到 2016 年，国内共享单车用户数激增 700%，共享单车市场一直在扩大，到 2021 年中国共享单车用户规模已经达到 3 亿人，市场规模达到 320 亿元。而本案例主要围绕第三阶段共享单车发展的挑战与机遇，以及 GZ 政府在这个过程中所获得的治理经验。

一、GZ 共享单车发展

2016 年 9 月 20 日，摩拜单车在 GZ 投放第一批单车，主要在 GZ 的四个区运营超过 2 万辆单车。而后摩拜单车和 ofo 与 H 区政府达成战略合作关系，分别投放 5 万辆和 6 万辆，支持 H 区解决"最后一公里"出行问题。

2016 年 12 月，小蓝单车开始在 GZ 试投车辆超过 8 000 辆，小鸣单车于

2016年10月底开始在GZ校园投放，进而发展到高人群密度区域。2016年GZ四家共享单车提供商正在以快速的投放"跑马圈地"，共投放近20万辆共享单车。

到2017年11月，GZ市共有6家共享单车企业，总投放量为85万辆，注册用户达1 600万。在不断争抢GZ市场过程中，也有不少企业倒闭。到2018年6月，GZ正常营运的共享单车企业为摩拜和ofo，总共投放大概100万辆共享单车。

二、GZ共享单车遇到过的困境及解决方案

共享单车作为"互联网+交通"的新业态发展迅猛，为公众绿色出行提供了极大的便利性，但同时也产生了投放规模失控、运营服务不到位、骑行停放任意无序、故障残旧单车乱堆放等问题，对企业可持续发展、行业格局、城市公共资源利用和公共秩序维护等都产生了不利影响，GZ政府根据共享单车行业不同困境给予不同的解决方案。

（一）共享单车超量投放

因企业恶性竞争，要快速铺量占领市场，但实际周转率不高，给城市带来了一定程度的拥堵。自2016年10月以来，各共享单车运营企业相继进入GZ市投放车辆开展运营，最高峰时期共有6家运营企业，投放车辆总量超过100万辆，给GZ交通带来了极大的不便。针对以上问题，GZ政府采取以下措施：

1. 采取一年半的"禁投令"

GZ从2017年8月开始推出共享单车"禁投令"，GZ政府声明"禁止任

何形式的新车投放,一经发现将立即予以现场封存,并作为企业违规行为记录在案"。GZ市交通委员会持续组织禁投新车专项检查行动,并多次约谈私自投放的摩拜和ofo两家企业,明确要求其严格落实禁投新车的管理要求,做好现有存量的压减工作。同时对后面进来的青桔单车和哈啰单车进行约谈,明确要求其在短期内不得在GZ市域内投放自行车,确保GZ市区车辆总量控制在一定的范围之内。

2. 进行互联网租赁自行车总量评估工作

2018年9月,GZ市交通委员会组织完成了GZ市互联网租赁自行车总量评估工作,并明确将根据全市适宜总量评估结果,依法实施投放总量控制和动态调节措施。此次适宜总量评估委托专业研究机构完成,并经专家组评审通过,主要从道路设施承载能力、用户使用需求、企业可持续发展模式等多个维度对GZ市的互联网租赁自行车适宜总量进行综合分析评估。根据评估结果,GZ市中心城区适宜的互联网租赁自行车总量规模为40万~50万辆,全市的适宜规模为60万~80万辆。

3. 按照总量评估结果对GZ共享单车进行"四步走"管理

根据2018年测评结果,GZ市交通委员会相关负责人表示,市交通委员会结合总量评估结果和GZ市实际情况,制定了四阶段安排。

第一阶段:压减共享单车存量。在暂停任何形式的新车投放的基础上,GZ政府督促摩拜、ofo两家在GZ市运营的互联网租赁自行车企业对中心城区车辆进行压减、抽疏。并在2019年2月前,要求摩拜、ofo两家企业在GZ市中心城区的车辆数将分别压减至20万辆以内,城区车辆总规模控制在40万辆以内。

第二阶段:采用"收一换一"做法。在完成总量压减目标后,摩拜、

ofo 需要按照"收一换一"方式对老旧车辆进行置换更新，以全面提升车况车貌，改善用户骑行体验。

第三阶段：通过招标引入新企业。通过招标引入新企业进入 GZ 市场运营，初期予以安排一定的投放规模，在指定区域运营，待企业现场运维体系完善，调度管理能力匹配后逐步引导进入中心城区，形成竞争合作的市场格局。禁投令下发 19 个月，GZ 市重启共享单车投放指标，是首个采用招标模式引入共享单车企业的城市。2019 年 5 月，GZ 市公共交易资源中心发布《GZ 市 2019 年互联网租赁自行车运营商招标公告》，拟通过公开招标方式确定 3 家互联网租赁自行车运营商，投放互联网租赁自行车运营配额共 40 万辆。投标资格具体为：①投标人具备独立法人资格，具有合法有效的法人营业执照。②具有符合招标要求的自有自行车数量（不少于 10 万辆）或购置自行车的资金（不少于 3 000 万元）。除此之外，投标企业签约还需满足以下要求：①须组建专业管理团队，负责承担运营范围内具体的现场运营管理工作。非 GZ 市企业，须在投放前在本市设立子公司；②须保障用户资金安全，鼓励实施骑行免押金；③具备相应的线下管理实力；④利用技术手段实现引导用户在允许停放的位置停放，及在指定区域或路段限制停放；⑤新车占中标标的运营配额比例不低于 50%，且可实时定位和精确查找；⑥有满足业务需求的信息管理系统，并将相关信息直接接入指定的行业监管平台。根据招标结果，摩拜单车配额为 18 万，哈啰单车配额为 12 万，青桔单车配额为 10 万，运营范围在 6 个主城区域。

第四阶段：进行动态配额。GZ 市交通运输局定期对企业运营服务质量进行考核评价，依据考评结果，实施车辆配额的动态管理，各企业所获得的投放配额与服务质量相关联，促进企业服务质量的全面提升。GZ 市交通运输局从 2018 年开始尝试运营服务质量考核，第一阶段为运营 5 个季度（2018~2019 年第一季度）后，主要是考核摩拜和 ofo 两个公司共享单车服务质量，并根据考核结果督促他们调整相关问题；第二阶段为从 2019 年第四季度至 2022 年第二季度，考核招标进来的摩拜单车、哈啰单车、青桔单车三家公司的共享单车服务质量，并根据考核调整配额，用市场化的方式督促他们调整相关的管理问题。

考核内容：主要是运营服务、企业管理、秩序管理、信息上报、额外奖励五个方面（注：不同时期考核的内容略有不同，但大部分都是不变的），前四个方面是最主要的考核内容，后期加入了行政处罚这一考核内容。

考核主体：评分由市、区、街三级政府共同完成，包括市交通运输、城管、交警部门，以及中心六区的属地区、街两级政府管理部门。

配额调整方案：GZ 市交通运输局与各企业协商确定了奖优惩劣的企业运营配额动态调节机制，并与摩拜单车、哈啰单车、青桔单车三家企业以补充协议的形式签署确认。根据协商确定的规则，各企业的运营配额将按照每季度考核的得分、排名情况动态调整。其中得分方面，低于 60 分（不含 60 分）的，扣减现有运营配额的 5%，得分在 60 分至 80 分之间的，不做调整，得分高于 80 分（不含 80 分）的，奖励增加现有运营配额的 5%（在中心六区 40 万辆总量规模仍有余量的情况下）。排名方面，排名第三的企业，扣减 1 万辆的运营配额，排名第二的企业，不做调整，排名第一的企业，奖励增加 1 万辆的运营配额。各企业的最终配额调整结果根据得分、排名情况分别计算后相加得出，并在公布考核结果的当月内调整完毕，表 1 是三家企业从 2019 年第三季度以来的互联网租赁自行车企业服务质量考核结果及运营配额调整情况。

表1 互联网租赁自行车企业服务质量考核结果及运营配额调整情况

季度	摩拜单车（后为美团单车）（原始配额：18万辆）		哈啰单车（原始配额：12万辆）		青桔单车（原始配额：10万辆）	
	考核分数（百分制）	配额/万辆	考核分数（百分制）	配额/万辆	考核分数（百分制）	配额/万辆
2019年第四季度	54.79	16.1	63.98	13	58.52	9.5
2020年第一季度	61.79	15.1	75.08	14	67.88	9.5
2020年第二季度	68.5	15.1	70.7	15	63.8	8.5
2020年第三季度	70.4	15.1	70.2	14	73.2	9.5
2020年第四季度	68.8	14.1	70	15	69.6	9.5
2021年第一季度	79	15.56	75.8	14.46	76.3	9.96
2021年第二季度	83.5	14.56	89	15.46	88.1	9.96
2021年第三季度	90.8	15.56	80.1	14.46	86.7	9.96
2021年第四季度	88.2	16.56	81	13.46	87.1	9.96
2022年第一季度	90.8	17.56	64.3	12.46	88.9	9.96

通过表1可以看到，三家企业在评估过程中总体分值在不断增加，GZ市政府通过这种方式实现了总量控制和提升互联网租赁自行车企业服务质量的目标。GZ市交通运输局创新构建了"总量控制+公开招标+协议管理+信息监管+量化考核+动态配额"的综合治理模式。通过公开招标优选运营企业，确定运营配额，签订车辆投放及管理服务协议，实施线上线下双重监管，企业服务考核，第三方清理超量单车，探索信用管理，建立市区街三级联动和政企间联动管理机制等措施，有效抑制了无序投放的现象。

（二）企业日常运营维护链条不完整

从2017年GZ市交通部门公布的巡查发现问题占比情况来看，最严重的是乱停放妨碍人车通行，占到73.6%。故障残旧车辆回收不及时成为第二大问题，占到25.3%。车辆调度也是整个共享单车运行过程中亟须解决的问题。

1. 共享单车乱停放

共享单车乱停放最严重的主要是在中心城区的老城区，中心城区的老城区受出行需求大、道路条件限制等因素影响。针对乱停乱放问题，政府和企业都做了相关的整改。

2017年3月份，GZ市交通委员会联合市公安局、市住房城乡建设委、市城管委正式发布《GZ市中心城区城市道路自行车停放区设置技术导则》（以下简称《导则》），明确将在中心六区城市道路红线范围内设置"自行车停放区"。自行车停放区将充分利用绿化带、地铁站口后侧、人行天桥及高架桥下等空间，重点围绕公共交通网络节点灵活布点，方便市民踩单车接驳公共交通；此外，禁止在人行天桥地道出入口、桥梁、隧道和未设置专用非机动车道的城市快速路等17种路段设置停放区。《导则》还对自行车停放区的标识标线规格、样式等做了明确的要求。

2018年，GZ市正式出台《关于鼓励和规范GZ市互联网租赁自行车发展的指导意见》（目前已废止），明确了共享单车无序投放、车辆乱停乱放、回收不及时、用户骑行安全及押金安全等行业规范发展中诸多方面，政府、企业、用户三方相对应的权责义务。停车管理从政府到企业、用户，都无缝衔接。鼓励企业实行电子围栏技术设置禁停区，新规要求企业执行"正面清单和负面清单"相结合的车辆停放管理，公安机关交通管理部门会同城管部门对影响通行的互联网租赁自行车予以清理。该规定也得到了企业的响应。例如，摩拜单车为他们的每一辆单车配备了"北斗+GPS+格洛纳斯"多模卫星定位芯片和新一代物联网移动通信芯片，可时刻掌握车辆位置；并在GZ等多个城市设立电子围栏区域，引导用户文明用车、规范停车。此外，摩拜单车率先推出信用分体系，用户违停、损坏车辆等行为将会被扣除信用分。摩拜鼓励用户举报不文明用车行为，核实后奖励信用积分。同时，自2019年11月起摩拜结合自有大数据平台，针对市区主要路段共享单车乱停乱放问题开展专项清理，全面规范共享单车停放秩序，运维人员日均规整违停车辆可达4万余辆。

2020年9月，GZ市政府出台了《GZ市互联网租赁自行车管理办法》（以下简称《办法》），其中第七条、第八条规定了严管区域和路段的设置要求，同时规定在严管区域和路段，共享单车应当停放在自行车停放区内，不得在其他区域和路段停放；在非严管区域和路段，共享单车应当优先停放在自行车停放区内，在其他区域停放的，不得占用绿地、隔离带、无障碍设施或者影响市容环境、妨碍通行。此外，《办法》第二十八条规定共享单车违规停放，影响市容环境或者妨碍通行的，城管、公安交警部门可依法实施代履行，相关费用由经营者承担。

2. 故障残旧车辆回收

共享单车的第二大问题就是故障残旧车辆回收问题，共享单车在使用过程中并未得到很好的珍惜，或者因反复被使用，很容易出现被损坏的现象，这些被闲置的废旧车辆如果不及时清理，有可能会让公众受伤，还占据空间，阻碍交通等。针对这些情况，政府和企业也采用了一定的方式进行调整。

建立了市、区、街三级政府及政企的沟通联动机制，采取集中清理行动。企业在早期因为过量投放以及对自行车维护保养投入不足导致闲置废旧车辆过多。所以，在2018年4月18日，市交通委员会、城市管理委员会、交警支队联合各区政府、各共享单车企业在全市开展集中清理行动。同时，对于正常运营企业的废旧闲置单车，由各区街政府督促单车企业进行回收，并将回收情况纳入对单车企业的服务质量考核，对退出运营企业的单车，由各区组织街道和城管部门进行挪移暂管。在GZ市运营的两家共享单车企业摩拜和ofo均发起清理计划，重点清理积压在GZ市各城中村的"僵尸车"，最终清理出超过8万辆的共享单车，并根据损坏情况进行清洗、返仓修理或回收。

现有的三家共享单车企业借由技术的力量，结合线上线下的力量高效处理故障残旧车辆。美团单车主要是借助大数据平台根据上报数据及用户反馈情况判断故障车辆，就近推送给运维人员对车辆及时检修、排除故障。同时，线下运维团队每天根据大数据系统的信息在街头查找回收故障车辆。对故障车辆进行批量回收，统一返厂后拆解，进行百分百再利用。青桔单车在APP端单车页面上线"发现坏车""举报私占"的举报入口，用户可根据不同的情况分类举报，平台技术、客服和线下运维人员会及时根据具体情况分级分类跟进处理。哈啰单车则是通过技术手段智能运维，单车每天进行智能检查，通过大数据平台将检查结果智能派单给运维人员。同时，通过算法有效识别车辆报障的真实性，报障准确率提高到90%左右。

3. 车辆调度清运

车辆调度清运问题主要是核心区有些地方车辆非常拥挤，有些地方车辆又过少，影响公众出行。目前，政府和企业已经达成协作关系，高效实现了自行车调度。

以哈啰单车为例，通过自主研发的"哈勃"数据系统对各点位车辆提前进行供需预测，面向调度人员生成任务并规划相对较优路线，还会向处于闲置状态车辆附近的潜在用户推送骑行红包，通过激励实现合理调度。此外，哈啰在GZ市率先推出"0530城市保障计划"，对响应、处理、反馈进行明确的规定：哈啰运维在接到案件5 min内响应、30 min内到指定地方进行清运动作，60 min 内完成清运动作，将淤积车辆调度至所需地方。该计划有效改善了时段性、区域性淤积和乱停放现象。

（三）公众骑行共享单车秩序待改善

公众在使用共享单车过程中，因共享单车非私有，更容易引发随便停放、损害等负面行为，同时在行驶过程中不注意交通秩序，给公共秩序管理带来一定的压力，下面从政府、企业和公众角度去提升骑行秩序。

第一，从政府角度，会从政策、行政处罚、文明引导以及给予反馈渠道的角度提升公众的共享单车骑行秩序。

从政策上去引导公众。例如 2020 年 11 月 1 日开始实施的《GZ 市互联网租赁自行车管理办法》提出加强用户教育与管理，明确禁止用户在骑行、停放方面的不安全、不文明行为。

对不合规的骑行者进行处罚。目前共享单车被纳入非机动车进行集中管理。2018 年 GZ 市公安局交警支队处理了非机动车 12 万辆，其中 8 998 辆是共享单车，被罚的包括乱停放、闯红灯、逆行、不按车道行驶等行为。受限于现行法律规定，处罚力度基本上比较弱。以乱停放为例，目前道路监管授权给交警部门进行处罚的是对具体行为的处罚，即对单车骑行者处以警告或 20 元罚款。2020 年 7 月 30 日，GZ 市交通运输局就《GZ 市互联网租赁自行车行业信用信息管理办法》公开征集意见，其中指出"违规骑行、停放被政府相关监管部门处罚或者被经营企业依照用户使用协议进行处理，一年内累计 3 次及以上的，将列入用户失信名单管理"。

GZ 市政府通过各种渠道（例如政府公众号、地铁广告等）提倡公众文明出行，做一个文明的骑行者。2017 年，GZ 市文明办与 GZ 市交通委员会联合出品《文明，让骑行更美好》宣传片。该宣传片主要提醒市民要遵守交通规则。2020年GZ市交通运输局和GZ市文明办指导共享单车企业拍摄文明骑行公益广告，该公益片呼吁广大市民遵章骑行，有序停放，共创文明城市。

GZ市政府站在公众角度给予反馈渠道，同时鼓励公众以合理方式参与共享单车管理。市政府在制定共享单车相关规定的时候会给予公示和意见反馈渠道，例如，2021年11月11日至2021年12月11日，GZ市交通运输局通过政府网站就《GZ市互联网租赁自行车适宜总量规模评估结果（2022年至2025年）》向社会公开征求意见，通过电子邮件和网站留言的方式共收到反馈意见17条，并给予相关回应。同时会进行公众对现场秩序的主观评价的问卷调查，了解GZ市互联网租赁自行车停放秩序情况。同时，GZ市政府鼓励单位和个人通过社会监督、秩序维护、志愿活动等方式参与管理。

第二，从企业角度，会从文明倡导、技术引导、合理处罚等方面去提升公众文明骑行秩序。

在文明倡导方面，企业做法各有千秋。以哈啰单车为例，2020年9月，哈啰单车发起"共文计划"，投入1亿元资金，用于补贴激励全国数亿用户出行习惯，并在全国各地专项招聘1 000名一线共文行动队员，长期探索文明出行和车辆创新管理。GZ市民用车时打开哈啰出行APP或小程序，会看到一张写着"做最美骑行人，创文明GZ城"的海报，提醒用户安全用车，文明骑行，有序停放。当骑行者扫码之后，还将听到"哈啰出行提醒您，遵章骑行，有序停放，文明城市你我共建"等语音。此外，哈啰单车运维小哥，在GZ市一些容易出现乱停放现象的区域，会向即将停车的用户出示"请往共享单车停放区停车。文明出行，谢谢合作！"的牌子，并指引其有序停放。

从技术引导上，GZ市三家共享单车企业都采用了"电子围栏"的手段，划分准停区和禁停区。禁停区一般在APP地图中显示为深灰色或红色，如果停车至禁停区会收到短信，违规停车第一次会收到警告，第二次开始会根据区域收取 5 元至 20 元管理费。

从合理处罚的角度上，2020 年 7 月 31 日，在 GZ 市交通、公安交警部门的倡议下，GZ 市三家共享单车企业发布联合声明，表示将于 8 月 1 日起对交通违法者采取停用措施，具体停用规则为：2020 年 8 月 1 日起，一年内有驾驶互联网租赁自行车交通违法记录 1 次的停用 1 周，一年内有驾驶互联网租赁自行车交通违法记录 2 次的停用 1 个月，一年内有驾驶互联网租赁自行车交通违法记录 3 次以上（含 3 次）的停用半年。

第三，从公众角度，有一部分人熟知共享单车使用规则，除了自己遵守停车、用车的方法之外，还会主动举报违停车辆，或者组织集中"救车"行动，将停在深巷的单车"解救"出来摆回大路边，或者主动帮扶跌倒在路边的车辆。不同品牌的共享单车会有不同的志愿者，比如摩拜单车的志愿者被称为摩拜"猎人"，这些市民用他们的行动支持共享单车文明使用，这些做法都会被模仿学习，进一步提升公众骑行秩序。

三、政府加强政策引导、转变治理模式、加强行业监管

为推进 GZ 市互联网租赁自行车行业信用体系建设，维护公平竞争的市场秩序，引导互联网租赁自行车行业健康、有序发展，根据交通运输部等十部门在共享单车发展过程中结合实际情况制定的一系列政策，不断完善共享单车管理制度，具体政策包含但不限于以下内容：《关于鼓励和规范互联网租赁自行车发展的指导意见》《GZ 市非机动车和摩托车管理规定》《GZ 市公共信用信息管理规定》《GZ 市互联网租赁自行车管理办法》《GZ 市人民政府办公厅关于印发 GZ 市全面推进社会信用体系建设实施意见的通知》《GZ 市互联网租赁自行车行业信用信息管理办法》等规定。此外，GZ 市交通运输局创新构建了"总量控制+公开招标+协议管理+信息监管+量化考核+

动态配额"的综合治理模式，用市场化的方式对共享单车企业进行治理，在短短三年内让企业的服务质量得到大幅度提升。

在对共享单车管理过程中，GZ市交通委员会快速推进行业监管服务平台建设，利用行业监管服务平台，通过全面实时接入企业的车辆数据，对车辆规模实施有效监管和调控。同时会同市城管、公安交管等部门和各区政府，进一步健全完善共建共治共享的行业治理机制，引导行业规范、健康、有序发展。从2018年1月初，GZ市交通委员会等8部门出台的《关于鼓励和规范GZ市互联网租赁自行车发展的指导意见》明确规定共享单车企业应将车辆的唯一标识、投放时间、定位分布信息、运营状态以及电子围栏管理信息等运营数据完整、直接接入政府指定监管服务平台。同年1月17日，ofo、摩拜相继宣布开放共享单车大数据，相关管理部门可查看企业在GZ市车辆投放数据、分布图、骑行热力图、用户骑行距离等信息。2018年8月，GZ市交通委员会通过招标方式建设"GZ市互联网租赁自行车信息化监管服务平台"，该平台包括"互联网租赁自行车企业营运数据查询""互联网租赁自行车营运监控处理系统""互联网租赁自行车出行数据分析系统""互联网租赁自行车政企联动管理系统"等多个互联网共享单车管理系统。2019年6月，GZ市政府与三家招标企业（摩拜、哈啰、青桔）签订协议，协议明确要求企业投放的车辆、订单数据等直接接入行业监管平台，通过平台实时监控企业投放情况。同时，开发共享单车核查移动端，可直接扫码核验企业投放车辆是否按要求接入平台。向社会开放，鼓励市民参与企业投放情况监管举报。

在GZ政府相关政策和监管下，以及企业和用户的共同努力下，GZ共享单车在车辆周转率、活跃车辆占比和公众评价方面都越来越好，可从以下三方面数据看出：

车辆周转率提高。GZ市的日均骑行量稳步上升。由2019年下半年的

102万人次上升至2021年上半年的172万人次；车辆日均周转率同样显著提升，由2019年下半年的2.5次/车上升至2021年上半年的约3.5次/车。

活跃车辆占比增多。根据互联网租赁自行车监管平台的数据统计，2021年上半年，GZ市活跃车辆占比接近55%，最高日达到66.2%，最低日约为23.8%。这说明总量规模与市民需求在空间分布上是总体相适应的。

市民对现场秩序的主观评价变好。根据市民问卷调查结果，有超过55%的受访者认为GZ市互联网租赁自行车停放秩序较好，GZ市互联网租赁自行车停放秩序得到多数市民的认可。

与此同时，"GZ共享单车治理模式"得到国家交通运输部、国内其他城市、社会媒体舆论的普遍认可。国家交通运输部2019、2020连续两年邀请GZ市在全国交通系统相关培训会议上介绍互联网租赁自行车总量控制、行业治理等经验。天津市、沈阳市、珠海市、佛山市等国内城市的行业主管部门先后到GZ市考察学习，共享单车治理的"GZ经验"也多次通过多个媒体平台广为传播。

【思考题】

1. 政府有哪些创新做法帮助解决共享单车"围城"难题？

2. 请从个人角度分享目前在骑行共享单车时遇到的困境；结合自己的经验或者借鉴其他城市的优秀做法，你认为以上困境可以如何解决？

第二篇

教育政策与公共人力资源

双减政策下，符校长的转型困境

刘云东

2021年7月24日，中共中央办公厅、国务院办公厅印发了《关于进一步减轻义务教育阶段学生作业负担和校外培训负担的意见》（以下简称"双减"意见），并发出通知，要求各地区各部门结合实际认真贯彻落实。该文件中有三点引起了社会各界的讨论：一是现有学科类培训机构统一登记为非营利性机构；二是学科类培训机构一律不得上市融资，严禁资本化运作；三是校外培训机构不得占用国家法定节假日、休息日及寒暑假期组织学科类培训。意见呈现三个风向标：其一，校外培训机构要向非营利性机构转型；其二，不允许资本化过度进入该行业以及进行所谓的资本运作；其三，严格控制和规定校外培训机构的培训时间，不能侵占学生的课余时间。

校外培训机构为何曾实现突飞猛进的态势？一是来源于人们对教育的重视，提高学习成绩的需求日渐增大，自然带动和吸引人才进入市场。二是因为资本的运作。知识的具体价值虽然无法衡量，但是却经常被物化，因此凡是有点名气的培训机构的课时费都定得很高。而且在需求远大于供给的情况下，课时费只会被哄抬得更高。再通过资本的包装和运作，"天价补习费"只会变得脱离实际又那么理所当然。众所周知，市场中的企业一旦受到金融危机将会面临资金无法周转等经济问题，从事该行业的员工将会面临被"裁员"的可能。但是教育行业一直有需求，甚至可以说，教育行业是长盛不衰的、立于不败之地的。越来越多的人才进入市场，越来越多的培训机构持证面世，有的人怀抱一腔热血，但求一圆自己为人师之梦，希望能够教书育人，实现人生理想。但有的人，其实就是为了来分一杯羹罢了。于是，培训机构行业乱象丛生，行业门槛逐渐降低、师资参差不齐、天价培训费用成为常态等等问题，引起了社会的广泛关注。行业整顿迫在眉睫。

一、"双减"政策下的多方博弈

1. 符校长的难解之题

符校长是G省一家校外培训机构——S教育的创始合伙人兼教学总负责人，该机构在省内4个城市已有12所分校。S教育成立于2006年5月，是一家专注于综合性课外教育的品牌企业。作为一家以中小学文化课辅导为主的企业，S教育有独特的教学理念和强大的师资团队，更是创新地以基础教育为载体，采用"双师"引导的教学服务模式，为学生和家长提供最优质的教学产品和最贴心的教学服务。比起分校遍布全国、声名远播的品牌校外培训机构，S教育虽然没有足以对抗的竞争力，但无论是以评价企业的标准还是以评价培训组织的目光去看待此类培训机构，S教育都是一个自身发展成熟并且具有发展潜力和光明前景的培训机构，也是课外培训行业中绝大部分培训机构的缩影。截至2020年，S教育一共有12家分校，一线教学教师和学业辅导教师约270名。

作为教学总负责人，符校长平时的工作就是安排和监管各分校的教学工作。他每个月的固定工作就是跑一趟这12所分校，既要监督各分校下一步教学工作的开展，还要接受各分校来自学生、学生家长和授课教师的反馈，及时了解服务对象的不满与需求，好制定下一季度的教学目标。但是，2021年的符校长工作行程表变得很不一样。"双减"政策出台后，同样身为教育培训行业的从业者——符校长，与所有的培训机构负责人一样，暂停了日常的巡视工作任务。"补习机构接下来的工作该如何展开？已经报名的学生如何处理？课程是否还能正常开课？开课之后该如何保证教学时长和教学质量？学生是否会因为该政策而无法参加补习课程？"这些问题每天都浮现在符校长的脑海中。家长的接二连三、永不休止的咨询问题，学生面对"双减"政策和学校晚辅的不安与焦虑，还有机构里感觉到风向不对考虑离职的教师们等等难题压在了符校长的肩膀上。他一时之间给不出万无一失的答案和方案，但他知道，被列为试点城市的G市内的7家分校，不得不暂停授课了。

2. 托管行业同样受阻

作为试点城市，G市自7月以来对"双减"工作已有相关部署。"这边明确规定了8月10日之前要完成所有的线下课程，未完成的课程8月10日之后只能线上授课，务必在8月25日前完成全部授课。我们从8月10日开始，G市校区已经全部停课了。"李校长是S教育NH总校区的一名数化教师，也是G市总校区的负责人之一。双减政策出台后，多家校外培训机构将视野投向其他赛道，素质教育、校内外托管、职业教育成校外培训机构转型升级三大关键词。

S教育同样在暂停正常授课的工作之后，目前只承接辅导作业的业务。"我们本来就有晚辅课，就是学生晚上7点到9点在我们机构里面自习，前一个小时学生自主写作业，从晚上8点开始，就可以去办公室请教老师，或者老师从办公室出来到自习教室，同学们有问题就可以问。双减政策出台后，我们基本上白天也是这个模式，学生来这里写作业，全科老师都会在，有问题就问，也可以找老师要卷子做。"

虽然S教育7家分校依然还有学生，但在李校长看来这并非长久之计。"学生们快开学了，秋季课程基本上开不了了，只有一些一对一的课程也许还能进行，但是上课时间又成了问题。而且学校也开晚辅，很多学生就没办法来我们这边上晚辅了，所以很多家长已经退了钱。不过还好就是还有一部分家长说看看学校情况如何再决定。现在不管是家长，还是我们，其实依然在等下一步的文件通知。"

3. 培训机构静观其变

S教育在Z市有3家分校，分别是主校区莲花校区（所有校区名称皆为化名）、第二分校前门校区、第三分校井湾校区。主校区莲花校区就在Z市一所市直属初中十中旁边，以主校区为中心，附近还有2所公办初中、5所公立小学，有补习需求的学生非常多。所以莲花校区有将近200名学生，无论是教学业绩还是教学成果都十分优秀。

张校长正是S教育莲花校区的校长。作为一家补习机构分校的负责人，2021年张校长结束了短暂的春节假期，召集校区里十几名任课教师和学习规划师召开了新年后的第一场会，争分夺秒地投入到春季招生和下一步的扩招工作之中。"我们就在十中附近，旁边还有好几所小学，生源主要就是这几所学校。双减目前对我们的影响不大，因为临市已经停课了，Z市这边还没有具体的文件，所以我们尽快给学生排课，争取早点上完，这样如果有什么文件出来了，损失也比较小。"由于政策落地的时间不一样，补习机构都不招生了，对于报课比较多的学生，后续如何处理好也是难题。

4. 家长之难，"我的孩子怎么办"

甄女士是S教育莲花校区的一位家长，她特别认同S教育的教育理念。孩子五年级的时候经朋友介绍来S教育了解情况，报了几节数学课，发现孩子理解得特别好，便一直给孩子补习，升初一之后也依然报了很多的课时。2021年的暑假，正是孩子初一升初二的关键时期，她颇为看重，早早地就和负责孩子的"班主任"（S教育的学生管理教师）订下暑假要给孩子上数学和物理的预习课，还报了语文、英语的作文班。然而，双减政策出台，甄女士感到十分焦虑。她给孩子在S教育报了上百个课时，教学课程能否正常尚未可知，她最担心的还是自己孩子的学习。据她反映，孩子不是特别聪明，小学的时候就很难拿高分，上了初一之后，更是学校、补习班同时学习，这样孩子的成绩才勉强排在班上十几名。她害怕，如果秋季开学后无法上补习班，孩子的学习会落下，初三复习的压力会变大，担心孩子没法考上重点高中。

目前Z市有5所重点高中，录取名额五六千左右，加上剩余的几所普通高中，一共录取9 000名高中生。然而Z市有20 000名以上的初中生。像甄女士这样希望孩子能够上普通高中甚至是重点高中的家长不在少数，然而升高中的压力对于孩子们而言并不算小。而补习班的存在，正是甄女士认为能够帮助孩子实现高中梦的不二法门。

5. 补习机构如何协助学校

S教育在Z市的3所分校加起来有将近400名学生。莲花校区的张校长说道："其实我们作为补习机构，和学校之间的关系是很密切的。很多人说我们和学校是一种合作的关系，但我认为谈不上合作，其实就是协助。学校没办法关注到每一个学生，但补习机构可以针对每一个学生进行'培优'和'补差'，所以补习机构其实是协助学校进行学生的教育工作的。"

6. 补习教师出路在哪

正如符校长所猜想的一样，"双减"政策出台之后许多教师也感到很迷茫甚至是犹豫不决。何老师在S教育已任职多年，她深受学生的喜爱，开设的语文小班每期都是满额，多次被评为年度学生最喜欢的教师。何老师坦言,一旦课程受限无法按以往的规模开班,那收入就会减少。可是她已有家庭,儿子女儿的兴趣班开支也不小,一旦收入减少,她无法保证还能支持孩子的课余兴趣,而且家庭开支也必须减少。

如果补习行业是以前长盛不衰的态势,她可能会愿意在这个行业一直工作下去,但是如今的情况并不乐观,她不敢断言自己会做这份工作多久。有这种想法的不只是何老师一个,S教育里较年轻的教师很多都有这样的想法。工作不稳定,前景更是尚未可知,很难不对这份职业产生不安全感。

7. "失业者"向"创业者"转变

S教育也和其他的课外培训机构一样,遇到了一批教师辞职的问题。离职的教师中,绝大部分是因为课变少了,工资自然也会变低。"我们当然尊重每位教师的选择,不过,我还是要说,即使是情况这么严峻,我们也不会主动辞退任课教师,我们秉承的原则是'不裁员'。"符校长对此表示很理解。对此,"创业者"是符校长给出来的新概念。"我们会进行'大方向'的引导,我们会和教师进行很好的沟通和了解,一起开辟新课程,沟通细节。总而言之,我们工作的性质会发生一点改变。以前是上课就上课,老师拿工资,接下来教师们不仅仅是任课教师,可能还要去进行招生工作,因为此刻我们都是'创业者',你招得越多赚得越多,就等于我们一起开辟一个新项目。"

"双减"政策出来后,在符校长看来,转型是一定的。"G市校区这边已经停课了,我们现阶段的主要工作就是大力搞转型,搞辅助文化课的课程,就比如可以组织辩论赛,这是对语文这个学科有帮助的。既然不能做文化课,我们就只能做这些素质类、兴趣类的课程。"

"我们现在的托管业务也受到了影响。第一是规定了晚辅时间不能晚于八点半,第二是政策里说了'五加二',就是说周一到周五是正常上课,但是学校可以出于自愿的原则在周六周日组织学生。"据张校长介绍，Z市已有部分小学实行暑假托管。暑假托管主要分为两期，第一期是7月15日至7月25日，时间与上学放学时间一样。因此，S教育的辅导托管业务也受到影响。除此之外，托管业务只包含辅导，不包含上课，很多家长认为不能够上课的托管服务对他们而言不是满意的选择。

8. 转型之路势在必行

"双减"政策既已出台，就必须寻找解决办法。符校长给所有分校提供了解决方案：第一，不要影响8月10日前所有的线下课程，保证课程高质完成，同时尽量把秋季开学前的课程排在8月10日前，争取大部分课程在线下完成；第二，稳步开展线上授课课程，8月25日前必须完成全部暑假课程；第三，除部分一对一课程外，有退课意向的一律按时退费。其他城市的分校就尽快安排学生上课，等待下一步的通知。

令符校长感到稍有安慰的就是，S教育本身除了中小学文化课程培训外，还有一些素质教育类的课程在同步开课，比如语文作文班、演讲班，英语口语班，书法班，化学实验课，等等，这些不属于"双减"范围内，即使开学后也能正常上课。"按这个趋势来看，小学初中的辅导课可能是没有办法进行了，不过我们还有面向高中的教培服务。以后，也许会缩小规模，也许会转型，就是课程肯定要往素质教育的方向去走。"

二、"双减"政策的推行

1. 试点城市逐步落实

在全面开展校外培训机构治理工作的同时，"双减"意见确定北京市、上海市、沈阳市、广州市、成都市、郑州市、长治市、威海市、南通市为全国试点。试点监管的内容主要是压减学科类校外培训、合理利用校内外资源、强化培训收费监管三方面。

2021年7月，G市教育局下发了《关于做好小学生暑期托管服务工作的通知》，于2021年暑假期间开展小学生校内托管服务试点工作；7月12~16日，部分区也召开了校外培训机构通气会，传达了相关的"双减"精神。7月20日，市教育局发布了《培训机构监督管理办法（征求意见稿）》，要求面向中小学生（含幼儿园儿童）的校外培训机构按学期或课时收取培训费，最长不超过3个月且最长不超过60个课时。7月22日，市教育局向全市校外培训机构紧急发布联合执法检查通告。7月23日，市教育局联合市公安局、民政局、卫生健康委、应急局、市场监管局、消防救援支队等部门组成联合执法检查组，不打招呼、深入一线、直奔现场，到4家校外培训机构进行实地抽查，对发现问题的机构提出严肃批评并现场责令整改。

2. 不再审批新学科类培训机构，不得销售周末假期学科课程

2021年8月3日，广东省教育厅发布通知，要求全省各地坚决做好减轻义务教育阶段学生校外培训负担工作。教育厅指出，要坚持从严审批机构。全省各地不再审批新的面向义务教育阶段学生的学科类校外培训机构、面向学龄前儿童的校外培训机构和面向普通高中学生的学科类校外培训机构。对于开展非学科类培训机构，各地教育行政部门参照相关要求进行审批，发放办学许可证，确保证照齐全。依法依规严肃查处以教育文化、教育咨询、教育科技等名义开展学科类培训的校外培训机构。教育厅强调，义务教育阶段学科类校外培训机构不得面向学生（含家长）销售周末、寒暑假、国家法定节假日的课程、课时包；已经销售的，根据国家"双减"文件并征求家长意愿，坚决予以清理整顿。

校外培训机构行业整治迫在眉睫，群众呼声日渐高朗，但回归现实，整

顿之路困难重重。"一刀切"的整治并非万全之策,"双减"政策出台后,许多社会问题也随之暴露。那么,基于上述案例分析,我们需要深入思考:如何处置现有补习机构?如何解决学生补习托管之需?是否会催生新的行业?种种问题仍待解决。

【思考题】

1. 你认为,为何要出台该政策?校外培训机构行业乱象根本原因是什么?

2. 请用公共政策利益相关者的分析理论分析该案例。与该政策有关的利益主体都有哪些?利与弊有哪些?

3. 考虑到各主体利益,如果你是教育局局长,你会如何制定双减政策?请给出具体的方案。

民生实事如何定，F区人大觅良策

马树林

人民代表大会制度是我国的根本政治制度，重大事项决定权是法律赋予人大的一项职权。在基层治理中，如何更好地发挥人大及其常委会的作用，如何提高地方人大代表的履职水平，如何正确处理党委、人大、政府的决策分工，都是比较重要的问题，需要进行深入的研究和探讨。民生实事采取票决制，是思考和研究这些问题的比较好的切入点之一。

民生实事票决制，是一些地方在不断完善人民代表大会制度中做出的有益探索和创新实践，是指政府在广泛征求人民群众意见和建议的基础上提出民生实事候选项目，经同级人民代表大会投票表决决定正式项目，交由政府组织实施，在实施过程中接受人大代表和人民群众监督的制度。

2009年1月9日，Z省NH县L镇人民代表大会上增加了"人大代表票决政府实事工程"环节，人大代表对2009年镇政府20项候选实事工程进行票决，投票选出了10项重点实事工程，在全国开了先河。随后，全国各地许多地方开始仿效。2017年，Z省委、省人大出台相关文件，要求在Z省全面推行民生实事票决制。民生实事票决制，在Z省三级人大已经全面推行，其他许多省、自治区与地方人大也在纷纷推出类似举措。

党的十九大报告中指出："发展社会主义民主政治就是要体现人民意志、保障人民权益、激发人民创造活力，用制度体系保证人民当家作主。"民生实事项目人大票决制正是贯彻和落实十九大报告精神的一项改革和创新的实践，把党的领导、人民当家作主、依法治国有机统一，将民生实事项目的选择权交给人民代表大会，实现了政府民生实事项目从"为民作主"到"由民作主"的转变，迈出了基层民主建设的一大步，是基层治理的重要创新和实践，值得进行深入的研究。

一、民生实事怎样才能做好：ZH 副主任在思考

S 区位于城乡接合部，辖 12 个镇，既要发展，又要考虑社会矛盾的化解问题。党委、人大、政府、政协四大班子工作积极努力，但还是有些难题需要继续破解。ZH 是区人民代表大会常务委员会的一位副主任，以坚持原则、工作努力、足智多谋而受到大家的广泛赞扬。

2018 年 11 月，又到了工作总结的时候，人大会议很快又要召开，诸多社会热点和难点问题又会引起代表们的热烈讨论，引起媒体和社会的广泛关注。ZH 又开始了深入的思考，期望为社会难点和热点问题找到更好的解决办法，以更好地履行人民代表大会的职能。政府部门也是想把好事办好、把实事做实，为什么有时候达不到效果呢？问题出在哪里？如何解决？人大在其中能够发挥怎样的作用？ZH 端起一杯咖啡，慢慢踱步，陷入了思考当中。原因是什么呢？是不是因为这些事情都是由政府直接拍板决定的呢？这样难免会与群众的需求有错位。财政经费的使用效率不高，也是经常受到媒体质疑的一个问题，如何增强财政决策的科学性呢？

ZH 副主任是一个爱学习的人。读书看报，是他的生活日常。ZH 从有关资料中了解到，2009 年 1 月，Z 省 NH 县 L 镇人代会在全国开了先河，增加了"人大代表票决政府实事工程"的环节，人大代表依法行使自己的权利，大大激发了代表履职的意识和能量。ZH 在想，看来乡镇一级的基层治理需要增加更多的力量，而人大代表的力量还有巨大的发挥空间，尤其对于处于城乡接合部的 F 区而言，社会矛盾多，工作任务急，只靠党委和政府无法高

质量完成工作任务。ZH 坐回自己的办公桌，手扶桌案，看着窗外，心想：也许可以选择某个乡镇先试一试。

二、局部试行民生实事票决制：F 区人大和镇人大在行动

2018 年 11 月，经与党委和政府沟通，F 区人大常委会决定召开一次全体会议，针对民生实事票决制议题进行专门讨论和决策。ZH 副主任首先跟大家介绍了 Z 省全面推行"民生实事人大代表票决制"的过程和成效，介绍了 Z 省 T 镇于 2017 年 9 月 20 日开始施行的比较完善的民生实事项目人大代表票决制实施办法，期望在 F 区或者 F 区的一些乡镇也迅速试行"民生实事人大代表票决制"，为在全区全面推行积累经验。

大家非常赞成 ZH 的观点和提议。有人提出，由于 F 区处于开发初期，许多问题，比如道路、自来水、环保等基础设施的改进和建设，皆需要区层面的统筹和决策，并不是某一个乡镇能够单独解决的问题，所以，"民生实事人大代表票决制"试行的重点也应当在区一级。还有人认为，区人大常委会可以出台指导意见，为全区乡镇推进票决制工作提供制度保障。这些意见得到了广泛的赞同。

2018 年 12 月，F 区党委下发了《〈F 区民生实事项目人大代表票决制工作试行方案〉的通知》，民生实事项目人大代表票决制工作在 F 区开始了比较全面的试运行。在 2019 年初的区人民代表大会上，政府提出 14 项民生实事，经代表表决，其中 10 项成为当年度的区政府项目。其中，客运站改造工程、基础教育增加学位、自来水水质提升这 3 个项目的得票数排在前三。在这些项目的实施过程中，区人大常委会组织代表进行了有效的视察，对排名前三的过程进行了重点监督。年终，对所有项目进行了满意度测评，群众满意度平均达 85.82%，有很大程度的提高。

在镇一级，F 区的 12 个乡镇总共对镇政府提出的 2019 年的 30 项候选实

事工程进行票决，投票选出了其中 20 项重点实事工程，涉及教育均衡、交通出行、就业、市场升级、污染治理、河涌整治、文体生活等各个方面，基本覆盖了民众普遍关心的民生需求。在项目实施过程中，许多镇的人大代表认为："这些项目是咱们代表群众选出来的，必须保质保量地高水平完成，才能对人民有所交代，不能砸在我们的手里。"所以，镇人大代表们积极踊跃，采取了各种办法，一方面对相关实施部门和单位进行有效监督，另一方面也帮助政府部门主动跟群众深入沟通，做工作，促进了许多项目的进度，提高了质量。

三、不断创新：民生实事票决制 2.0 版在研讨

2019 年 12 月，ZH 副主任召集研讨会议，总结一年来的试行经验，发现问题，为推进民生实事项目决策的进一步科学化、规范化、民主化、法治化寻找对策。党委、政府、乡镇有关人员与一些人大代表、专家学者共 37 人出席会议，大家进行了热烈、深刻、务实的讨论。大家一致认为，一年来的实践表明，我区试行民生实事人大代表票决制，通过代表票决、政府实施、人大监督，实事工程的确定和实施实现了从"为民作主"到"由民作主"，从"一厢情愿"到"你情我愿"，从"一人撑船"到"众人划桨"的转变，使政府决策更加精准地与群众需求对接，有利于真正把人民群众所需、所盼、所忧的民生实事办实办好，增强了人民群众的获得感和幸福感。

然而，ZH 副主任希望大家不只是总结经验，还期望大家多提问题和建议，并且提议研讨民生实事票决制 2.0 版本，吸收全国经验，把本区的实践提高到全国领先水平，更加充分地体现以人民为中心的发展思想。大家纷纷响应，对于如何扩大和完善票决制提出了许多意见，归纳起来，有以下三个方面。

建议一：扩大民生实事项目的民意基础。候选项目的产生不能局限于由

政府提出，人大也要积极提出民生实事项目建议，比如依托人大代表联络站等平台向民众征集项目。有人甚至提出，民众也可以以某种形式集体提出候选项目，总之，进一步凝聚共识，营造良好社会氛围，扩大实事项目的民意基础。

建议二：加强党委、政府、人大、政协、民众在实事项目产生、实施、监督、评价等方面的协同。尤其在票决事项越来越多的时候，更加要注意将始终遵循坚持党的领导、充分体现民意、严格依法办事、突出效果导向的工作原则紧密结合，从人民群众关心的事情做起，多方协同努力而不重复投入资源，要以最低的成本把民生实事真正办在人民群众的心坎上。

建议三：强化跟踪监督。要将民生实事项目列入年度监督工作计划，在人代会闭会期间，按计划组织人大代表对全部民生实事项目进行"对口督办"，对责任主体加强跟踪监督，突出监督的实效性和专业性，加强对项目实施情况的全过程监督，推动项目取得最佳效果。

研讨会中也存在质疑的声音，有人提出了反对意见。这种意见主要认为，政府部门最了解建设的进度，对于哪些项目应该优先、哪些项目需要以后安排，是最有发言权的；人大征集来的项目不一定是最急迫的，但人大票决会使这些项目排在优先的位置，这样反而会不利于建设和发展。同时，也有人认为，不能单一地为了票决而票决，只要能把解决人民群众最关心、最直接、最现实的利益问题摆在最突出的位置上就好，不宜扩大票决规模，不要扩大票决制的范围，劳民伤财。

研讨会结束了，ZH副主任的思考却没有结束。想着会场中众人的建议和质疑，想着如何形成一个得到党委和政府高度认可、人大代表和专家高度认可的进一步完善的可行方案。ZH副主任感慨："民生实事，看起来也许没有那么轰轰烈烈，但涉及的都是人民群众的切身利益，涉及党的执政基础，牵扯着多少人的心啊！任重而道远，一定要慎之又慎！2.0版方案，一定要尽量做得完善!"

望着窗外,ZH 副主任眉头紧锁,但已下定决心,一定要与大家一起,把 2.0 版方案做好,把民生实事票决制不断推进。

【思考题】

1. 对于民生实事票决制 2.0 版的建议和质疑,你的看法是什么?

2. 假如你是 ZH 副主任,在继续推行民生实事票决制方面,你将怎样做?

3. 对于贯彻以人民为中心的发展思想,民生实事票决制可以起到哪些作用?在基层治理中,如何更好地体现党的领导、人民当家做主、依法治国的统一?

基层海关人力不足，吴关长寻解决良策

陈天祥　郑思敏　周晓宇

海关管理是政府管理的一部分，它是随着国家对进出关境的货物、物品和运输工具实行贸易和非贸易管制制度而产生的。随着对外贸易的发展，海关的财政职能和海关作为实施贸易和非贸易管制工具的职能得到进一步加强。商务部公布的数据显示，1978 年，我国进出口额为 206.4 亿美元。2001 年我国加入世界贸易组织（WTO），当年的进出口额为 5 096.5 亿美元。2022 年我国外贸进出口总值 42.07 万亿元，比 2021 年增长 7.7%。可以看到，在改革开放的 40 多年里，海关管理的业务量大幅增长。

随着海关业务量的大幅增长，管理工作复杂性增强，海关的组织架构、装备、人力资源跟不上快速发展的业务需要。海关管理事务的无限扩张与管理资源的相对短缺的矛盾日益突出，全国各地海关特别是基层海关要求增加人员的呼声渐高。因此，研究基层海关普遍存在的"人力资源不足"的问题，探索如何更好地充分发挥现有人力资源作用，对于进一步做好基层海关工作有重要意义。

一、愁眉不展：吴关长的心事

吴关长是 H 海关 A 隶属海关的一名关长，作为一名老海关，原本工作驾轻就熟，但最近却心事重重。起因是吴关长频繁听到一些同事的抱怨："最近加班越来越多。"还有人说："你们看××处室的人比我们闲多了，工资一样，太不公平了！"诸如此类的不满声音一直存在，最近却越来越多。再想起那些企业家总是在抱怨通关速度太慢，影响生意等等，吴关长更是头疼，觉得这个问题到了非解决不可的地步。于是他召集了下属 17 个处室的主要负责人开会，讨论这个问题。

大家各有各的说法：一部分人觉得海关业务量持续快速增长，虽然机构不断在增员，但承担工作量最大的基层海关一线工作人员不足，存在结构失衡的问题；另一部分人则说，关员业务素质参差不齐，阻碍了人力资源优化配置，并加剧了人员忙闲不均，同时存在着思维定式、缺乏激情和工作效率低下等现象；也有人说海关机构设置众多，职能重复交叉，职责不清，容易互相扯皮，也造成了人力的浪费。最终得出一个结论：问题出在人力资源的配置上。但大家暂时也拿不出一个好的解决方案来。讨论至此，吴关长下定决心要解决这个问题，他任命人事处罗科长全权负责进行调查和研讨方案。

罗科长平时也是忙得不可开交，他知道要从处里组织人手肯定是不可行的，只能借助外部力量。他突然想到了自己的母校 S 大学的人力资源管理专业一直是一个强势学科，并设有专门的人力资源研究中心，可以请那里的专家帮助自己调研和诊断。说做就做，他立刻查找到研究中心的电话拨了过去……

经过前期的准备工作，S 大学人力资源研究中心成立了由李教授带队的专家小组，调研组与罗主任进行了座谈，并咨询了吴关长的意见，制订了调研计划，进驻到 H 海关开始调研。

二、摸清情况：H 海关基层人力资源调查

1. 初步调研：H 海关关员业务量——"干了多少活"

要评估 H 海关的人力资源是否不足，在什么层级、哪些岗位不足，先要

确定一个衡量标准。海关系统内部用来衡量各模块业务量的指标有很多，调研组通过参考海关的各项统计资料，选取审核报关单工作量、征收关税额、监管进出口额这3个指标，分析基层海关业务量与人力资源的关系。

首先，报关单是海关业务的基本承载体，监管、征税、统计等海关基本业务均以审核报关单作为基本作业环节，审核报关单工作量体现的是各基层海关最主要、最基础的工作量。

其次，征收关税是海关的基本职能之一。根据国家法律法规，关税是对进出境货物、物品所征收的税，征收关税是海关的基本职能之一。海关可以依法在进出口环节代征税款，以及依法收取费用。关税涉及审价、归类、征管、查验、放行、统计等诸多环节，在很大程度上体现了海关的工作量。

最后，鉴于加工贸易中，若进口的原料或半成品在国内加工后仍用于出口的，免征税款，因此，仅仅看征收关税额无法全面体现海关的工作内容。而无论是一般贸易还是加工贸易，都被统计为进出口额，因此，比较海关的监管进出口额，同样是衡量海关工作量的重要指标。

2. 深入测量：H 海关实际工作负荷——"花了多少时间来干活"

在分析了"人均工作量"之后，为了更加全面地考察基层海关人力资源紧缺程度，必须进一步分析 H 海关基层关员的实际工作负荷，即"花了多少时间来干活"。

调研组为此进行了一项问卷调查，设计了 H 海关工作负荷情况调查问卷，调查选取了 H 海关下属基层海关非领导岗位的普通关员为调查对象，旨在了解 H 海关基层海关工作负荷的实际情况。调查采用分层抽样法，从 H 海关下属 11 个基层海关各选 15 名关员进行调查，一共发出问卷 165 份，回收有效问卷 160 份。该次调研对象 71.5% 来自基层海关的业务科室，28.5% 来自基层海关的综合后勤科室，与目前 H 海关基层海关业务人员和综合后勤人员的比例比较匹配。

从表 1 可以看到，H 海关基层关员中，每周"1 h<加班时间≤10 h"的占 49.7%，"加班时间>10 h"的占 22.4%，两项之和为 72.1%。可以说，经常加班的基层关员所占的比重比较高。对于存在加班情况的基层关员来说，每次加班时间在 1 h 以上的，占到 31.5%。我国《劳动法》规定，用人单位由于生产经营需要，经与工会和劳动者协商后可以延长工作时间，一般每日不得超过 1 h。为此，可以认为超过 1 h 的加班时间，实际上就是一种超负荷工作，也就是说有 31.5% 的基层关员是属于超负荷的。

表 1　H 海关基层关员加班情况统计表

每周加班情况	加班时间≤1 h	1 h<加班时间≤10 h	加班时间>10 h
人员比例/%	27.9	49.7	22.4
每次加班情况	加班时间≤1 h	1 h<加班时间≤3 h	加班时间>3 h
人员比例/%	68.5	27.9	3.6

为了了解 H 海关基层关员对工作负荷的切身感受，问卷调查了如表 2 所示的内容。

表 2　H 海关基层关员对工作负荷的感受统计表

感受情况	超负荷	满负荷	忙闲不均	绝大多数时间比较空闲
认为自身岗位/%	30.9	45.5	12.7	10.9
认为同一科室其他同事/%	24.2	41.8	17.6	16.4
认为同一基层海关其他业务科室同事/%	21.8	40.0	18.8	19.4

续表

感受情况	超负荷	满负荷	忙闲不均	绝大多数时间比较空闲
认为同一基层海关其他综合后勤科室同事/%	18.2	37.6	21.8	22.4
认为总关对口处室同事/%	13.9	25.5	18.8	41.8

从表2可以看出，有30.9%的关员认为自身岗位工作是超负荷的，有45.5%认为自身岗位是满负荷的，两项之和为76.4%，这与表1中经常加班的关员合计占72.1%相近。

有一个有趣的现象，表2中认为同一科室其他同事工作"超负荷"的占24.2%，比认为自身岗位"超负荷"的低了6.7个百分点，认为周一基层海关其他业务科室、其他综合后勤科室工作"超负荷"的比例更低。这符合公平理论的原理，一般人总是对自己的投入估计过高，对别人的投入估计过低。为了综合考察H海关基层关员的工作负荷水平，我们将表2中的前四列数据进行算术平均，得到目前H海关基层关员中，"超负荷"的关员为23.8%，"满负荷"的为41.2%，两项合计为65%。应该说，"超负荷"加上"满负荷"的关员占比为大多数。与此同时，还有35%的关员处于"忙闲不均"或"绝大多数时间比较空闲"的状态。这说明，在基层海关内部目前其人力资源处于"相对不足"的状态，一方面存在"超负荷"和"满负荷"现象，另一方面还有部分关员"忙闲不均"或"绝大多数时间比较空闲"。

另一个问题是，对于H海关基层关员来说，他们感受到的H海关总关对口处室同事的工作负荷怎么样呢？结果显示，在基层关员眼里，"超负荷"和"满负荷"的总关对口处室同事只有39.4%，这比基层关员对自身工作负荷中"超负荷"和"满负荷"的比例低37个百分点。换言之，在H海关基层关员心目中，总关对口处室同事的工作比基层海关要更为清闲。

3. 绩效测评：H 海关通关速度和客户满意度

考虑到评价基层海关的工作，最基本的立足点是其服务对象是否满意，而在企业对海关的评价中，通关速度是一项最重要的指标。企业如果能够获得快捷便利的通关，便能加快生产经营的流转速度，提高生产效率。

为了了解 H 海关基层海关的通关速度，调研组进行了一项关于 H 海关关区通关速度情况的问卷调查。调查同样采用分层抽样法，从 11 个基层海关管辖的企业中各选 10 家，一共有 110 家进出口企业参加问卷调查，回收 106 份有效问卷。企业概况见表 3，基本覆盖了各类型的企业，具有较好的代表性。

表 3 受调查企业概况

从事出口年限	出口年限≤1 年	1 年<出口年限≤3 年	3 年<出口年限≤5 年	5 年<出口年限≤10 年	出口年限>10 年
比例/%	13.6	18.5	31.8	20.6	15.5
企业海关分类	AA	A	B	C	D
比例/%	5.5	11.8	67.3	11.8	3.6

注：海关企业分为 AA、A、B、C、D 五类，不同类别企业有不同信用级别和相应管理办法，AA 类到 D 类信用级别递减，如 AA 类递单不用排队，审单相对宽松，查车概率小。

被调查的企业中，有 46.4% 的企业"只在 H 海关下属的基层海关报关"，有 53.6% 的企业"除了在 H 海关下属的基层海关报关之外，还在其他海关关区报关"。

对于"只在 H 海关下属的基层海关报关"的企业来说，认为 2013 年度

H海关下属分关报关速度与之前年份相比"速度加快"的占23.5%,认为"速度持平"的占27.5%,认为"速度放慢"的占49.0%。对于"除了在H海关下属的基层海关报关之外,还在其他海关关区报关"的企业来说,认为2013年度H海关下属分关与其他海关关区相比报关"速度更快"的占23.7%,认为"速度持平"的占32.2%,认为"速度放慢"的占44.1%(详情见表4)。从纵向(时间)和横向(关区)比较都可以看出,认为H海关下属分关速度较慢的占到了相对多数。

表4 企业对H海关下属分关与之前年份比较的报关速度评价

报关速度	速度更快	速度持平	速度放慢
与之前年份比/%	23.5	27.5	49.0
与其他海关关区比/%	23.7	32.2	44.1

对于受调查的企业,他们所了解到的同行对H海关下属分关的通关速度评价为"通关速度较快,基本能够适应企业进出口的速度要求"占29.1%;认为"通关速度存在不确定因素,时快时慢,个别高峰时间段海关通关场所存在'塞车'现象"占47.3%;认为"整体通关速度较慢,大多数时段海关通关场所存在'塞车'现象"占23.6%。

从上述调查结果可以看出,H海关下属分关目前的通关速度一定程度上存在着缓慢的现象,这种现象导致了企业对H海关通关服务的评价中只有不到半数的企业表示"满意"(19.1%)和"基本满意"(26.4%)。

三、拨云见雾:H海关基层人力资源相对不足原因探析

吴关长看过第一阶段的调查结果后,表示这与他在工作中观察到的现象

是一致的,对该结果表示了认可,并且希望调研组能进一步研究基层海关人力资源"相对不足"的原因是什么。只有找到问题的根源,才能够提出有效的解决措施。于是,调研组开始了第二阶段的调查。

1. 关于业务流程和组织架构的原因

为了更好地了解H海关基层海关业务流程、组织架构的实际情况,调研组进行了一项关于H海关业务流程和组织架构情况的问卷调查,详见表5。

表5 基层关员对审批权分配、业务流程、组织架构的看法

审批权分配	观点	70%以上可以在基层海关审批,其他报总关	51%~70%可以在基层海关审批,其他报总关	31%~50%可以在基层海关审批,其他报总关	30%以下可以在基层海关审批,其他报总关
	比例/%	18.2	26.7	33.3	21.8
业务流程	观点	比较合理	基本合理,但还有可以改善之处	不太合理,建议进一步优化内部流程	需要进行大幅度的业务流程再造
	比例/%	14.5	24.8	36.4	24.3
组织架构	观点	比较合理	基本合理,但有些科室可以精简或者合署办公	不太合理,科室设置过多,分工过细	需要大力进行组织架构重组,减少科室数量和领导职数
	比例/%	13.9	23.6	34.6	27.9

受调查的基层海关关员中,44.9%认为一半以上的审批权限可以下放到基层。对于本基层海关业务流程,认为"比较合理"的只占14.5%,说明业务流程上还有很大的改进空间。对于本基层海关组织架构,认为"比较合理"的只占13.9%,说明关员们认为组织架构改革是十分必要的。

调研组在研究中发现，基层海关组织机构设置不合理主要表现在三个方面。一是未能根据职能和环境变化及时调整人力资源配置。随着基层海关职能的不断增加和调整，如近年来关务公开、知识产权保护、后续管理等均得到了前所未有的重视，在具体工作中加强某项工作就要增加机构和编制，就要增加人力，而部分弱化职能并未同时减少人力投入。二是基层海关科级机构设置过多，导致结构失衡。在海关基层单位，管理部门过多，管理幅度过窄，既影响了办事效率，又影响了一线操作关员的人力投入。三是基层海关科室对口总关的上级比较多。以通关科为例，直接对应的上级职能部门就包括关税处、监管通关处、审单处等，而针对具体业务有管理权的部门更多，如对报关单结关后的数据监控包括通关、关税、统计、风险、稽查、缉私、督察审计、纪检监察等多个部门。基层海关的执法部门经常忙于应对上级职能部门的各种检查等工作。

2. 关于关员工作能力的原因

受调查的基层海关关员中，对于身边同事的工作能力与其岗位的匹配程度（多选题），认为"比较匹配"的占76.4%；认为"存在工作能力与岗位的错位现象，即'用非所长'"的占42.4%；认为"存在工作能力超过岗位需求的现象，无法'才尽所用'"的占27.3%；认为"存在工作能力不能适应岗位需求的现象"的占50.3%（详情见表6）。

表6 基层关员对身边同事能力与岗位匹配性评价

评价	比较匹配	存在工作能力与岗位的错位现象，即"用非所长"	存在工作能力超过岗位需求的现象，无法"才尽所用"	存在工作能力不能适应岗位需求的现象
比例/%	76.4	42.4	27.3	50.3

俗话说"一个萝卜一个坑",基层海关目前存在三种情况:一是"坑大萝卜小",对能力差的关员委以重任,结果通常工作任务不能有效完成,需要增加"萝卜"填满"坑";二是"坑小萝卜大",该关员的能力没有被充分发挥出来,所谓大材小用,造成了人才浪费,久而久之,则会产生疲惫、消极心理;三是"红萝卜"放到了"白萝卜坑"里,如审价专家交流到监管科负责转关业务。总而言之,岗位和人员的不匹配,是基层海关人力资源错位和浪费的另一个原因。

海关目前还没有做到像企业那样结合当前工作、个人发展、海关长远规划对现有人力资源进行系统规划、使用和培训,缺乏完善的人力资源增值机制。

3. 关于关员工作主动性的原因

受调查的基层海关关员中,对于身边同事的工作表现,认为"有30%左右的人得过且过、消极怠工"的占27.3%;认为"有50%左右的人得过且过、消极怠工"的占37.0%;认为"绝大多数的人得过且过、消极怠工"的占16.3%。这三项加起来的比例超过了80%,表明大多数关员对同事的积极性持消极评价,从侧面反映了关员工作主动性不高的事实(详见表7)。

表7 基层关员对身边同事工作表现的评价

评价	绝大多数积极主动,勇于奉献	有30%左右的人得过且过、消极怠工	有50%左右的人得过且过、消极怠工	绝大多数的人得过且过、消极怠工
比例/%	19.4	27.3	37.0	16.3

受调查的基层海关关员中,对于存在消极怠工的同事的主要原因(多选

题），认为"工资福利待遇问题"的占 81.2%；认为"级别晋升问题"的占 66.7%；认为"领导和部门工作氛围存在问题"的占 73.3%；认为"个人思想动态问题"的占 52.7%。

调研组结合其他调研结果，分析认为基层海关关员工作积极性主要受以下两个因素影响。第一，"工资福利待遇"与"级别晋升"直接挂钩，级别升则待遇升，否则不能涨工资。按照目前的海关科级非领导职务晋升办法，干部一般在 6 年时间内就能够从科员晋升到主任科员（大约 30 岁）。然而，由于主任科员职务晋升上的"瓶颈"，大多数关员晋升为主任科员后，将长期停留于这一职务层面，看不到升迁希望，容易产生职务晋升的"天花板"、难以晋升的感觉，进而出现"安于现状、不思进取、得过且过"的想法。第二，在物质利益得不到满足的情况下容易产生消极情绪，进而影响工作积极性。因此，海关关员的工作状态和思想动向值得我们重视。

四、激烈争论：改革之路在何方

弄清楚导致人力资源不足的原因后，吴关长将调研组与各处室主要负责人召集起来开会，探讨解决问题的良策。经过激烈讨论之后，形成了几种观点。

1. 优化海关业务流程

一部分人认为既要满足业务量的增加，又要"精兵简政"，就需要优化海关业务流程，转变为以企业为单元、以信息化管理为基础和先导、以风险分析为基本手段、口岸通关管理和后续稽查相结合的现代化海关业务流程。比如对"提前申报"的推广，传统的报关方式中申报、缴费、查验都是在货物到港以后，提前申报可以在货到以前进行单证审核，使货物到港后就能提货，从而加速企业通关速度。对"预归类预审价"的推广，"归类"是将不同的商品归入不同的税号，决定其应计征税率的大小和监管条件。而"审价"是为了正确审定进出口货物的完税价格，防止伪报、瞒报进口货物价格，保护公平竞争和维护纳税人的合法权益。预归类是指在海关注册登记的进出口货物经营单位，可以在货物实际进出口前，向海关申请就其拟进出口的货物预先进行商品归类。预审价是指海关根据企业提出的书面申请，结合企业的资信情况及商品的价格特点，对企业进口货物的完税价格预先进行审核、确认，在有效期内货物实际进口通关时，海关按预先审定的完税价格计征税款。

但有人反对说，预归类、预审价可能会因申请人故意提供虚假材料或者提供的材料不全面、不准确而导致归类错误，这样反而会增加复查的成本。

2. 创新海关组织架构，优化人力资源配置

针对目前海关内部存在各部门间职能交叉和职能错位等问题，有人提出按照"大部制"改革的思路，将职能相近的部门合并成一个大部门，可以加强协调，提高效率，精减人员。也有人提出要理顺 H 海关总关机关与下属基层海关的事权分工，因为目前在实践中，大量的审批权限集中在直属海关这一级别，管理环节多、链条长，管理时效无法得到保障。还有人认为不仅要进行事权改革，也要进行人力配置的改革，既要解决总关对口处室的工作相对比较清闲的问题，也要解决基层海关内部"忙闲不均"的问题。

对这些建议有人反对说，海关职能与一般政府部门的职能有很大区别，怎么才能让部门的拆分重组真正提高管理效率，目前并没有可以参考的对象，实施起来很有难度。而如何冲破部门利益壁垒对人员配置进行调整，也是一个让人头疼的问题。

3. 提高关员综合素质

海关业务不仅在数量上持续增加,而且在复杂程度上也在不断加大。为了应对这一变化,有人提出不仅要从业务流程和组织优化上进行变革,也要提高关员自身的综合素质。第一要提高关员的业务技能,推进学习型海关建设,并形成一整套保障措施体系,如人才培养使用机制、资源共享机制等。第二要开发关员的创新潜能,不仅要执行各项现有的管理规定,而且还要有创新精神和创新能力,把各种新情况、新问题整理成新的解决方案上报,从而用最优的合法途径解决现实工作中遇到的困难。

也有人说,大家已经够忙了,很难脱开身去参加系统培训,过于简单的培训又很难对关员的素质带来质的提升。而鼓励关员创新方面,没有配套的激励措施难以激发大家的积极性。

4. 提升关员工作积极性

海关是由一个个具体的关员组成的。没有个人的良好发展就不会有朝气蓬勃的海关队伍。关员的个人工作积极性能否得到相应提高,其个人价值、自我实现的愿望能否得到满足,关系着海关能否持续发展,关系着海关的职能能否实现,关系着海关的前途。而按照目前的海关综合管理类公务员晋升办法,关员晋升为主任科员后,将长期停留于这一职务层面,面临晋升"瓶颈"。有人提议可以探索关员分类管理,拓宽关员职业发展空间的办法。另外,应完善关员激励机制,让有能力的,肯干活的,做出巨大贡献的关员获得更好的物质回报、精神鼓励和晋升优势。

反对者说,晋升制度的改革不可能通过 H 海关这一层级来完成,而要推动整个海关体系改革又是难上加难,那么到底采用什么激励方式让关员们更有干劲呢?

面对着会场中争论不休的众人，吴关长也是倍感头疼。虽然大家对 H 海关基层人力资源不足的情况和原因有了更加清晰的认识，但最终也没有形成一套获得大家高度认可的解决方案。散会以后，吴关长把罗主任和李教授等人单独留下，希望最后能形成切实可行的方案，调研组的工作仍然任重而道远。

散会后，会议室只剩下吴关长一人。他透过玻璃窗朝远处眺望，眉头依然紧锁，但眼神中已然多了几分期待……

【思考题】

1. 请讨论为什么单纯增加关员数量不能解决人力资源"不足"的问题？

2. 请根据自己的工作经验，分析导致基层人力资源不足的原因还有哪些？

3. 如果你是调研组一员，请结合调研结果和众人给出的意见设计一套完整的人力资源及配套解决方案。

基层选调生的"引、育、留"难题

寸晓刚

选调生,是各省党委组织部门有计划地从高等院校选调品学兼优的应届大学本科及其以上毕业生到基层工作,作为党政领导干部后备人选和县级以上党政机关高素质的工作人员人选进行重点培养的群体的简称。

基层作为整个社会的神经末梢其重要性不言而喻,基层治理与百姓的工作和生活息息相关,基层治理水平直接影响到老百姓的幸福感、获得感,也关系到基层政权的权威性。选调优秀高校毕业生到基层培养锻炼工作,是通过加强基层治理人才队伍建设以提升基层治理水平的重要举措。选调生成为了基层一线党政领导干部培养选拔链的紧密一环,成为党政干部培养规划的组成部分。然而受到主观认识偏差、工作环境不利等多重因素的影响,基层选调生人才流失问题日益突出。虽然选调生选拔任用制度日趋完善,但在基层"招不来、留不住"的情形仍较为普遍。

一、杨老师该怎么回电话?

"张林(化名),下学期你是怎么安排的?"期末杨老师刚刚监考完,走在校园的小路上,突然看到对面走来的张林同学。因为之前张林在杨老师教授的《管理学》课程里边表现还算比较突出,在课程讨论中发言比较积极,所以给杨老师留下了比较深的印象。印象中张林也到了大学三年级,下学期也该是了大学四年级了,进入了需要学生自主安排的关键阶段。所以杨老师出于关心就询问一下。

张林,男,东部 G 省 G 市某普通高校计算机专业的一名本科生。大一就进入计算机学院的学生会,大二晋升为该院学生会文体部的部长,大三担任了一年的院学生会副主席,而且在大三下学期顺利加入了中国共产党。

"哦,老师好!这个问题我还没有想好,对未来发展有点迷惘,今天刚好看到老师了,要不您给我指点指点?"张林笑着迎上前说。

"好,我先把试卷送回教务。你到我的办公室等我,待会儿我们一起喝茶。"杨老师很爽快地答应了。

茶过三巡,杨老师问:"小张,听口音你应该是从外省考过来的吧?"

小张说:"对,我家是 H 省的(中部某省)。"

"那你未来的安排有没有问问你爸爸妈妈的意见?"老师问道。

张林回:"这就是我拿不定主意的地方。他们还是想要我回到家乡工作,但我想我已经来到沿海城市读书,读的专业又是高科技领域的,应该在经济相对比较发达的地方工作才对。但我对程序员工作又不是特别感兴趣,您知道的,我对您的管理学课程特别感兴趣,之前还多次向您请教问题,但是又觉得计算机专业是好不容易考上的,把它放弃了,挺可惜的,毕竟做程序员还是可以挣很多钱的。"张林接着说。

(师问:)"那家里为什么想让你回老家去工作呢?他们怎么说的?"

(生说:)"他们说在体制内比较稳定,还说计算机专业可以考的公务员岗位特别多,好好准备一定可以考上。我是家里的独生子,他们不想我离得太远,就动员我考家附近的公务员。"

(师问:)"那好像家里的考虑也有道理,你为什么苦恼?"

(生说:)"老师,我好动不好静。让我去搞一些活动,即使再困难的活动,我也一定会搞得有声有色。让我花这么多时间去准备公务员考试,我坐不住,而且听说……"

(师问:)"听说什么?"

(生说:)"听说公务员工作朝九晚五,我怕我即使考得上,也会被闷死。况且现在公务员考试这么难,也不一定能考上。"

(师问:)"你是怕这样的工作太闷,那你有没有考虑去报考选调生什么的?"

(生说:)"选调生?这是什么?我不了解啊。"

(师问:)"你们学生会干部都不知道选调生?"杨老师很诧异。

杨老师就给张林简单介绍了选调生及其一般的报考要求。

选调生:是各省党委组织部门有计划地从高等院校选调品学兼优的应届大学本科及其以上毕业生到基层工作,作为党政领导干部后备人选和县级以上党政机关高素质的工作人员人选进行重点培养的群体的简称。

报考选调生的要求:根据中共中央组织部有关政策规定,主要是全日制普通高校大学本科及以上学历的优秀应届毕业生,一般要求是党员(预备党员)、学生干部、应届毕业生,获过校级以上奖励。

听完杨老师的介绍,张林开始对选调生产生了兴趣,毕竟选调生是党政领导干部后备人选,未来发展的空间也很大。回到宿舍后,张林就开始利用互联网查询选调生的相关信息。

过了几天,杨老师接到张林打过来的电话:"老师,我回去查了选调生的资料,的确考选调生也是一个非常好的选择,我也满足报考条件,而且看了相关的报考流程,可能满足条件的人不太多,考起来竞争或许没有那么激烈,我想去试试。但是针对选调生考上之后,未来的发展网络上有很多不同的声音:有些说到了基层很有可能就只在基层了。有些说到了基层,主要的工作就是端茶送水,复印材料,写材料,和大学的专业没有什么相关,好像也没有太大的意思。本来我还是蛮有兴趣的,现在看了这么多的信息又有点困惑了。老师,您经验丰富,要不您再帮我分析分析?"

杨老师也愣了一会儿，毕竟杨老师之前也没有真正接触过有选调生经历的朋友或学生，这些网络上的信息好像也有耳闻，但也没有甄别这些信息的真伪。作为相对严谨的老师，杨老师对于自己不特别熟悉的领域一般不会随便发表意见，尤其是针对学生群体，只好在电话里对张林说："这样啊，这个选调生未来工作的具体情况我也不太清楚，我要去问问我身边了解这方面情况的熟人，过两天我再给你回个电话。"

杨老师回家后在手机上把之前的毕业学生的联系方式找了出来，正巧翻到一个之前在 LC 县委组织部工作的学生小刘的联系方式，杨老师决定给小刘打个电话了解一下选调生情况后再给张林出主意。

二、小王的烦恼

2021 年 4 月的一天，西南 X 县委组织部的李部长，正在看该县的乡村人才振兴专题调研报告。该调研报告是为了深入推进该县的乡村振兴战略，由县人力社保局牵头，会同县委组织部，县民政局，县扶贫办等相关单位的有关人员，对 A 镇 B 村等镇村进行了实地走访调研，通过组织召开村干部会、群众院坝会、走访等方式实地了解 B 村人才建设情况，具有一定代表性，并组织县级相关部门召开座谈会，详细了解了全县人才建设的基本情况。在此基础上形成此调研报告。看完报告后，李部长眉头紧锁，"目前看来 X 县和中西部大部分的农业县一样，也面临诸多的基层人才短缺的问题。基层人才在促进经济发展和社会稳定中无疑发挥着重要作用，人才旺，事业才能兴！看来我们也要像那些经济发达地区掀起的人才大战一样，集思广益，积极出台一系列的人才政策，把基层需要的人才引进来，育成栋梁，扎根留下来"。想到这，李部长决定先从选调生的"引，育，留"入手，毕竟在报告里边呈现出来的数据表明选调生的流失情况还比较严重。

报告中提到：全县共选调大学毕业生 138 名，其中男性 69 人，女性 69

人；本科学历占大多数，研究生学历 13 人，人员整体学历、素质较高；目前在 X 县选调生有 84 人，主要在县级部门、乡镇（街道）人民政府任职。可见，X 县选调生素质水平较高、成长较快，都已成为各单位骨干力量。但还是有 54 名选调生因各种原因离开，流失率达 39.13%，流失较严重。

李部长决定召集参加这次调研的组织部的相关人员和负责选调生相关工作的工作人员开一个会议。在会上，参加了调研走访的小王说："有一个来自 211 高校的选调生，他私底下就跟我埋怨，现在在基层给他安排的工作跟他的专业毫不相关，而且好像成天只是去做端茶倒水，写材料，整理材料，复印材料等不太重要的杂事，他觉得我们口头上说要重视他们选调生，好像实际上又不太重视他这个 211 高校毕业的学生。他也流露出，假如有合适的机会，他就要参加各种遴选考试离开这里，所以现在业余时间他基本都在看备考的书。我们能不能出台相关的政策，强调针对这些名校毕业的选调生，下到基层我们就要给他们压担子，安排相对比较重要的任务，而不是这些一般性的事务性工作？"

说到这里，负责选调生工作的老张忍不住接着说："这个事情确实也不太好办，在我这里经常会听到底下基层的同志对一些选调生，尤其是那些重点高校来的选调生的一些微词。"

"一般都说些什么？"李部长问道。

老张说："主要还是说这些娃娃做事不够稳重，（安排的）简单的任务都完成得不太好，哪敢把急、难、险、重的工作交给他们干，而基层重要的事又是要跟老百姓打成一片才能完成，很多工作都是在家长里短的沟通中找到解决问题的方法。"

李部长："好，那我们大家议一议，看看我们到底该怎样做，才能把这帮选调生尽可能留在我们县里。"

小王发言："我听说有些地方给这些优秀学生设计专门的遴选平台，现在我县的公开遴选方法是把所有的公务员都放在一起选拔，是不是也可以考虑在某些职位的遴选条件中规定只有选调生才能报名？这样也能体现我们对选调生的关心。"

老张："这听起来好像是个好办法，让这些娃娃能够更快地得到提升，也能看到我县的爱才之心。我们把选调生当成一个特殊群体来看，在公开的政策里面给予他们优待，现在网络信息传播又快，会不会本来是件好事，传来传去给我们的工作带来麻烦。"

小王："假如有舆论关注，不也是一个好事吗？这不就顺势对外界宣传了我县爱才、用才的良好形象吗？"

老张："舆论可能会关注这样的政策背后有没有暗箱操作。某些在我们看来是理所应当的事，也有人会从其他角度提出质疑。比如针对定向选调生的政策，有些专家学者就提出为什么只从某些 985 高校中选调，其他高校就没有优秀的人才吗？既然选调生未来的工作岗位都属于公务员范围，公务员岗位又是一种公共部门的资源，公务员岗位的招考，也可以说是一种机会，应该是符合条件（岗位的胜任特征）的所有人都有报名参与考试的权利，所以在相关法律法规里特别强调公务员招考要'公开，平等'，我们现在在遴选中规定选调生有特殊赛道，会不会受到他人的质疑？"

老张又接着说："我理解，上面之所以在选调生政策里把这些大学生放到基层来，可能主要想让他们通过在基层的踏实工作来提升对我们国情的认知，提升和各方各面沟通的能力。那这样的话是不是也可以认为那些在我们这里待不住的选调生，一定程度也就是他没能深入了解我们的国情，在沟通能力上也没有得到提升，所以他就觉得待在基层没价值，所以他就要离开。我觉得这种离开也是一种自然的对人才的选拔机制。选调生政策的本意应该是强调让选调生与乡亲们较长时间地接触，能从老百姓的角度换位思考问题，提升他们和乡亲们沟通的能力，培养他们与百姓的朴素情感，他们才能理解老百姓杂七杂八的要求，通过摸索解决老百姓问题的工作过程有效提升综合能力。我的理解是通过基层工作来锻炼，而不是通过基层很短时间的锻炼来往上走。"

小王："您讲的没错，可现在是有比较严重的流失问题，不想一些办法好像也不行。我看现在新出的一些人力资源管理的书里面提到一个普遍现象，二八定律，也就是说单位里差不多20%的人完成了80%的工作，那这20%的人就应该被定位为'人才'，既然是人才，就应该按照这些人才个性化需求的差异而调整相应的管理方法和措施，也就是所谓的个性化管理。理由也很简单，由于比较激烈的外部人才市场竞争的存在，如果某单位还是不改变，而其他单位会针对人才的个性化需求推出弹性的管理方式，人才就会跳槽。所以人力资源管理学者就强调未来的趋势应该是人才（个性化）管理。我在大学里的公共管理课程中也学到'新公共管理运动'，它也强调公共管理应该大胆学习和借鉴工商管理中经过实践而沉淀下来的先进技术和先进管理方法，我觉得我们也不妨把'选调生'定位为人才，采用特殊的政策。"

李部长："小王讲的人才管理，蛮有意思的。老张说的也有道理。这个问题需要考虑周全。小王，要不你根据我们今天会上讨论的情况，再去查查资料，看看其他地方针对这个问题的具体做法，根据我县的实际情况拟出一个方案来我们再议。"

开完会，小王的眉头也开始紧锁了。

三、选调生发展史

选调生工作的历史，可以追溯到20世纪60年代，当时的选调生是"革命事业接班人"的一部分，是从高等学校选调品学兼优的应届大学毕业生到基层培养锻炼。

1965年6月，中共中央批准了高等教育部党委根据中央领导同志的建议起草的《关于分配一批高等文科毕业生到县以下基层单位工作的请示报告》，及时批转各地研究执行，全国选调生工作由此开始。

按照党中央关于抓紧培养选拔优秀年轻干部的要求，1980年以来，各省区市党委组织部有计划地从高等院校选调品学兼优的应届大学毕业生到基层工作，重点培养。选调生到基层工作，重点是培养党政领导干部的后备人选，同时为县级以上党政机关培养高素质的工作人员。

2000年，中共中央组织部发布了《关于进一步做好选调应届优秀大学毕业生到基层培养锻炼工作的通知》，对进一步做好选调生工作提出了明确要求。

2006年，中共中央组织部、中央机构编制委员会办公室、最高人民法院、最高人民检察院《关于缓解西部及贫困地区基层人民法院、人民检察院法官、检察官短缺问题的意见》的通知指出：进一步做好选调生工作，充实法官、检察官后备人才。省（区、市）党委组织部门将为基层人民法院、人民检察院选调法律专业人才纳入选调生计划，会同高级人民法院、省级人民检察院每年有计划地选调一批优秀应届高等院校法律专业毕业生，安排到基层院工作。西部各省（区、市）每年选调的人数一般不少于20名。各级党委组织部门和人民法院、人民检察院要按照选调生工作的有关政策，安排好选调生的工作和生活，保证选调生安心基层，尽早成才。

进入2009年，随着中共中央组织部等12部委《关于建立选聘高校毕业生到村任职工作长效机制的意见》的出台，选调生政策做了重要调整，将由原来的只从高校应届毕业生中招考，转变为"主要从具有2年以上基层工作经历的大学生'村官'及其他到基层工作的高校毕业生中招考"。选调生招考政策的变化彰显了中共中央从基层一线培养选拔干部的用人导向，同时也释放出了一个强烈的信号：高校毕业生面向基层就业、用人单位从基层一线培养人才的新机制将逐步建立和完善。

2014年，全国大学生村官工作座谈会强调，要把选调生工作与大学生村官工作衔接起来，完善相关政策，规范操作办法，形成良性互动机制。同年，中央机关开始注重遴选优秀选调生。党的十八大报告指出，要"加大培养选拔优秀年轻干部力度"，并号召"全党都要关注青年、关心青年、关爱青年"。

2018年4月，中共中央组织部印发《关于进一步加强和改进选调生工作的意见》（组通字〔2018〕17号）。5月21日，中共中央组织部召开新时代激励干部新担当新作为暨加强改进选调生工作座谈会。

四、人才理论

1. 人才理论的由来

人才管理理论出现的时间并不长。对人才管理的重视最早能追溯到美国麦肯锡公司1997年所做的一项关于"人才战争"的调查。他们调查了不同行业的77个大型组织，以摸清组织怎样才能打赢"人才战争"。在调查的基础上，麦肯锡于1998年出版了 *The War for Talent*（《人才之战》）这本书，介绍了他们调查的结果。当时麦肯锡并未直接提出"人才管理"概念，但文章对组织中的重要员工在组织中需要什么，组织如何留住这些人才所进行的深入分析，引起了人力资源管理学界对人才的重视，也催生了对人才管理的研究。

20世纪90年代以来，组织中员工的流动性日益加强，组织发现留人越来越难，尤其是企业中的"人才"。人才管理的论题开始逐渐受到理论界和实践界的重视。据相关调查，近年来员工对公司的忠诚度总体呈下降趋势。员工对公司的忠诚度从95%下降到39%，员工对雇主的信任度从79%下降到

22%，自愿辞职上升了31%，而且这部分人中大多都是公司里非常优秀的员工。此外，有学者从人口统计学上分析，全球的劳动力人口结构正在向老龄化发展，全球范围内对年轻劳动力的争夺将更加激烈。另一方面，在全球化的大背景下，经济、社会、文化通过全球的贸易和交流逐渐走向融合，组织的发展也越来越依靠那些掌握知识的人才。在这样的背景下，人才管理就显得非常重要。

2. 人才管理与人力资源管理的区别

人才管理是在人力资源管理进入战略人力资源管理阶段之后出现的新理念。进入21世纪，战略人力资源管理越来越受到理论界和实践界的追捧，组织的人力资源管理需要有战略的视角。战略人力资源已经开始取代人力资源管理了。而人才管理是在人力资源管理的战略视角上逐步得到重视的。

人才管理和人力资源管理本质上是不同的。第一，与人才管理相比，人力资源管理的范围更广，人才管理只是人力资源管理的一个组成部分。人才管理强调关注表现最好的人，而人力资源管理则关注所有员工的管理。

第二，人力资源管理强调功能，人才管理专注于"人才"。人才管理是一个具有选择性焦点的人力资源管理。该观点认为人才管理涵盖了与人力资源管理相同的领域，但特别关注选定的个体，通常被认为是"最佳表现"和"高潜力"的人。人才管理是以组织中的"人才"为核心。具体来说，人才管理是针对某一类人甚至某一个人的需求规划、招聘与配置、培训、绩效考核、薪酬福利等的系统工程。传统人力资源管理的主要问题在于，它缺乏针对特定人群的系统和定向管理。人力资源管理的重点是有效地执行各种职能，人才管理是专注于人。

第三，人才管理强调的是细分，人力资源管理强调平等。人力资源管理关注每一位员工，并试图避免在资源分配上的差异，而人才管理对待某些员工的方式是不同的,特别关注不同群体的不同需求。人才管理倡导有区别地对待企业中的人,哪些人需要关注、哪些人需要培养、哪些人需要重点培养,都是不一样的,并开始关注不同群体里个人的不同需求与推出所谓的"个性化管理"。

第四,人才的吸引和保留已经成为一个关键问题。人才管理更强调吸引和保留"人才"。

总的来说,人才管理在理念上和实践上都是人力资源管理演进的趋势。

选调生政策是为党和国家培养选拔优秀年轻干部、加强领导班子及其后备干部队伍建设和提升基层治理水平的一项基础性公共政策,具有时代性与长期性相结合的特征。伴随时代的不断变化与发展,选调生政策运行中开始暴露出的一些问题表明选调生政策依然处于发展之中,有待进一步完善。案例中基层选调生的"引,育,留"难题探讨,引导读者深入了解选调生政策,从现代人才管理角度探究加强基层党政后备干部队伍的建设,"引,育,留"住基层选调生,并进一步思考基层党政后备干部的培育路径。

【思考题】

1. 假如你是小刘,从你对选调生相关政策的了解和从鼓励优秀学生积极报考基层选调生的角度出发,你会建议杨老师怎么和张林说以消除他的困惑进而积极报考选调生?

2. 假如你是小刘,从鼓励更多的优秀学生积极报考基层选调生的角度出发,你会建议高校应该怎么做?为什么?

3. 假如你是小王,你设计的减少选调生流失的方案会包括哪些具体内容?为什么?

4. 你认为选调生制度和公务员制度需不需要并轨?理由是什么?

5. 如何才能实现选调生制度和公务员制度的并轨?

第三篇
公共文化政策与管理

如何"活"起来
——Z市博物馆的破局之路

李沁

随着社会公众对文化的兴趣日益浓厚,博物馆已经成为现代社会中知识及信息保存和传播的关键场所。我国博物馆数量多、分布广、门类齐全,是传播科学文化知识和精神文明成果最有效的阵地之一。基层博物馆是指地方性、民间性博物馆,主要收藏、展示与当地历史、文化、民俗等相关的文物、图片、文献等。基层博物馆的定位是服务于当地社区和群众,弘扬地方文化,传承历史文化,提升群众文化素养。基层博物馆处于中小城市文化建设最前线,占文博事业总体比重大,对社会和文化发展具有深远的影响。基层博物馆由于受一些因素制约,通常是博物馆系统中的弱势群体,容易出现社会功能不健全,业务能力不强,服务水平较差以及观众覆盖率较低等问题。

每逢周末和节假日,G省的省级博物馆总是成为众多市民和游客参观的热门目的地。而距离省级博物馆2.5 km的Z市博物馆则显得相对冷清,许多游客主要是为了前往邻近的旅游景点,而"顺道"参观Z市博物馆。国内外许多大城市的博物馆常常在文化和旅游资源中扮演着至关重要的角色。游客通过参观博物馆,可以迅速直观地了解到某个地区的发展历程,这也是很多游客到达旅游目的地后首先选择去博物馆的原因。而当前G省多数市、县博物馆对当地旅游业的影响显然不够。尽管如此,"我们馆的条件已算较为完善的。"Z市博物馆肖馆长说。

Z市博物馆于1960年建成开放，是地方性综合类博物馆，省、市爱国主义教育基地。该馆占地面积27 000 m²，建筑面积6 000 m²，展厅面积4 500 m²。馆内设7个展厅，用于举办地方历史、文物陈列和临时专题展览，此外还举办各种美术展览，长期免费向社会公众开放。馆内部门有办公室、文物部、群工部、陈列部、保卫部。机构职能是负责征集、收藏、保护、研究、展示历史文物和自然标本，指导县（市、区）基层博物馆业务建设，承担爱国主义教育基地相关工作。馆藏文物上万件，其中不乏国家一级文物。

博物馆的功能主要是通过博物馆的藏品来实现的。由于经费不足，Z市博物馆在藏品的征集、保护和修复工作上显得较为薄弱。国家会根据每个馆的情况给予补贴，但专款专用，有些资金不能用来征集文物。此外，由于本地文物资源匮乏，因此文物征集工作"难上加难"。据了解，Z市民众的文物保护意识不强，导致一些散落民间的文物损坏、流失严重。这其中，收藏者愿意捐赠给博物馆且满足展陈要求的文物数量更为有限。

Z市博物馆的历史展厅以文字资料加图片陈列为主，比较偏重教育意义，展览设计中存在着一定的问题。根据观众的反馈，展览就像在回顾高中历史课程，内容单调枯燥且重复，给人一种一直在重复观看的感觉。形式上，采用的是传统的"通史陈列法"，以时间为线索进行排列，简单罗列相关信息，使观众产生一种对于文物来自历史时空和文化背景上的距离感。展厅的互动区域较少，绝大多数展品只是静静地被放置在展柜里，观众只能被动地欣赏，无法进行任何交流。由于缺乏互动交流，"参观"变得仅仅是"观看"，长期下来，观众可能会觉得这种表达方式枯燥乏味。

《博物馆藏品管理办法》明确规定：藏品应有固定的专用库房，专人管理，库房建筑和保管设施要求安全、坚固、适用。博物馆库房作为保存和管理文物藏品的直接场所,其基础设施和硬件设备水平对于库房管理具有直接影响。然而,Z市博物馆却出现了"有库房,欠达标"的现象,主要存在以下几个问题:首先,库房的空间非常有限,导致文物藏品的存放空间不够充足;其次,摆放文物的柜架数量不足,有些文物需要互相挤着摆放,有的甚至只能在地上垫泡沫来存放;第三,保管设施不够先进,藏品保护工作基本的防紫外线、防日光、除尘防尘设备和一些急需配置的空气控制调节装置尚未安装,部分库房缺乏恒温恒湿设备,库房内不能够有效地控制光照、空气和温度与湿度。藏品的贮藏和展出对周边环境和设备的要求较高,如果博物馆不能很好地满足这些要求,会对藏品产生不良影响。

我国现行文物库房管理法律法规中仅有藏品管理相关制度、藏品库房编制格式的规范标准,针对博物馆文物库房管理尚未形成一套相对统一的参考标准,基层博物馆更是缺乏健全的科学管理制度。Z市博物馆的问题包括馆藏无序、档案不全、分类不清、账目不整、摆放无序、陈列分散等。尽管在电子数据库建设启动后,上述问题有所改善,但依然没有被彻底解决。

"1万多件(套)文物、8个在编人员,"肖馆长表示,"尽管馆内有20多名临聘人员,但他们主要负责安保、保洁等后勤工作。"由于经费有限,博物馆很难用适量的外聘人员。至今为止,Z市博物馆还未能成功引进一名考古领域的专业技术人才,研究工作仍是一片空白。肖馆长说:"早年博物馆曾有一位专业人士,但已经退休,现在的员工缺乏专业知识,至今还没有人能胜任这个职务。"让他感到苦恼的是,讲解员也出现了青黄不接的现象。"博物馆的人员编制都满了,这些员工年纪较大,教育程度不高,要改变现状很难。"他苦笑着说。

基层博物馆普遍面临专业人才短缺的问题,而这种人才配置的失衡背后有其深刻的根源。基层博物馆通常属于事业单位,其运营资金来自于国家,但资金的分配并没有与博物馆的业务考评相挂钩，非考古学、文博、历史专业的人员也可以在博物馆里工作，从而大量地占用了专业人员的名额。当前基层博物馆的一些工作人员存在"平庸、懒惰、散漫"的问题，在展览陈列、文物鉴定以及科学研究方面的专业人才严重不足，甚至有些博物馆已经陷入无人可用的困境，这导致了博物馆的文化教育活动和科研工作难以顺利进行，基层博物馆事业的发展受到了严重阻碍。

面对博物馆畸形的人员结构，肖馆长非常焦虑。只能将希望寄托在引进新员工上。在他看来，要想吸引到优秀的年轻人来，必须从选拔开始，但笔试环节的考题是由人事部门出的，题目主要集中在公共科目，而专业题目的占比相对较少且过于简单，无法反映出博物馆所需人才的专业水平。而一些毕业于文博、考古专业的有研究能力的人员，由于不擅长公共科目考试，却被拒之门外。这些非专业人员进入博物馆后，需要重新学习基础知识，但由于缺乏系统性的学习，他们可能需要花费相当长的时间才能取得实质性的进步或成为行业专家。针对专业人才难以进入基层博物馆这一棘手问题，主管部门也提出了若干解决方案。

编制和经费只是制约博物馆发展的行政因素，"复合型博物馆人才"培养和编外人员的力量，才是影响发展的核心因素。Z市博物馆在展览的组织和策划方面，无论是常设展览还是临时展，大多都是通过与专业展览公司的外包或由借展方负责来完成的，很少有本馆馆员的参与。很少组织员工进行进修学习，员工的专业知识主要来自省内举办的培训班和自学。由于长期以来缺少专业知识培训、学习和进修的机会，新入职的员工只能通过老员工的口传和身教来逐渐适应。以上这些现象都非常不利于博物馆从业人员提升自身业务技能水平。

过度依赖国家财政，"奖优罚劣"不分明，激励机制不完善，员工缺乏工作积极性，滋生懈怠心理，工作慵懒散漫。"懒文化"在基层蔓延，勤劳的人会变得懒惰，懒惰的人会变得更加懒惰，逐步失去学习的能力。在参加集中培训时流于表面形式，很多时候都是"听了、记了、忘了"，这并不能真正有效地将相关的经验、方法和理论应用到实际的工作场景中。只是按照上级部门的要求工作，限制了业务工作拓展和创新的可能性。博物馆作为文化事业单位，其发展离不开自身实力的增强，更需要有一个科学高效的管理方式来指导自己的各项工作。针对这一点，肖馆长认为博物馆应当参考企业的经验，进一步健全、完善绩效考核和奖惩、晋升机制。

基层博物馆大多闭门造车，各馆之间几乎没有互动，鲜有像大型博物馆成立"博物馆联盟"的协作发展机制。由于基层博物馆自身平台小且力量薄弱，有必要整合区域内分散的资源，创建一个岗位建设互助平台与业务工作交流互动平台，从而实现资源共享，提升服务水平。如果缺少有效的交流和合作，专业人士将难以形成良性的互动关系。而目前 Z 市博物馆与同级博物馆之间并未形成一个"博物馆集群"。肖馆长认为，一方面的原因在于缺少上级主管部门的推动和支持。另一方面原因是，博物馆日常的行政化管理思维使其不敢突破自身工作，不愿向同级博物馆和上级部门提出平台建设等统筹合作发展方面的建议和倡议。

除了上述问题外，还存在宣传推广力度不够，文创产品开发不足，自助讲解系统和智能感知技术欠缺等问题，而这一切均需资金的支持。基层博物馆的经费除政府的投入外是否还可以另辟蹊径，从而解决资金来源渠道单一、资金短缺的困境呢？对此，肖馆长建议依托理事会和基金会对博物馆进行运营，在理事会、基金会建设过程中要逐步完善法律制度，强化对理事会、基金会及其运作项目的法律监督。

【思考题】

1. 这个案例反映出我国基层博物馆的管理存在哪些问题？应该如何治理？

2. 如何看待主管部门针对人才引进的建议？有何利弊？

3. 你认为肖馆长看待 Z 市博物馆的问题是否准确？他对于这些问题的解决思路是否到位？是否需要进一步改进？

整合传播推动城市更新多元治理
——以 X 集团 LF 旧村改造项目为例

王烨

随着中国城市化进程的不断推进,城市更新已成为城市可持续发展的重要议题。"十四五"时期,G 市更新工程项目计划投资额占比全市十大工程的 12.4%,而人们最关心的"旧村改造"更是在城市更新中占比最高的项目。

旧改工作是一项政府牵头、企业承担、与村委会和村民共同开展的城市建设、环境治理、文化升级的综合项目。一方面,旧村改造往往涉及复杂的产权关系和利益格局,政府政策变化,各利益相关方诉求多样,如何统筹不同主体利益,形成改造合力是一大考验。另一方面,旧村群众思想观念保守,对改造存在不同程度的抵触情绪,如何凝聚共识,调动村民参与积极性,也是改造工作面临的现实难题。此外,旧村的历史文化资源如何保护性开发、如何在改造中优化人居环境、如何完善公共服务,让村民共享改造红利,也是一个值得深入思考的问题。

面对这些挑战,旧村改造需要创新工作理念和方法,协调各方利益诉求,形成多元主体合力。这就需要运用整合传播理论,优化资源配置,创新传播方式,为改造工作赋能,推动多元主体协同治理。整合传播理论为破解城市更新治理难题提供了新的思路。该理论基于传播学、管理学、市场营销等多学科视角,主张组织应整合运用广告、公关、人员推销等多种传播方式,统一传播信息,协同塑造组织形象,促进与利益相关方的战略互动,进而实现组织目标,强调"多方联动、统一声音",为处理多元主体关系提供了理论指引。

在城市更新过程中,政府、企业、社区、公众等不同主体,基于各自利益诉求,在政策制定、项目推进、利益分配等方面易产生分歧和冲突。运用整合传播思维,有助于厘清不同主体的利益关切,精准投放传播资源,通过信息整合形成统一信号,消除各方误解,建立良性互动,突破单向说服模式,强调利益相关者的深度参与,还为城市更新中的文化保护与传承提供了路径指引。旧村蕴含着深厚的历史文化积淀,是城市记忆的重要载体。在改造过程中,运用整合传播理念,创新文化传播模式,整合新媒体与传统媒体,线上与线下平台,有助于深入挖掘旧村文化资源,更新文化表达方式,推动文化认同与城市更新的融合发展。

X集团LF旧村改造项目正是这一理论在实践中的生动体现。X集团LF旧村改造项目是研究整合传播推动城市更新多元治理的典型案例。该项目涉及政府、企业、村集体、村民等多元主体,改造过程中面临政策变动、利益冲突、民意分化等多重挑战,具有一定的复杂性和代表性。X集团作为项目主要参与方,主动运用整合传播理念,创新传播模式,多点发力,成为推动LF村改造的关键力量,为其他旧改项目提供了经验借鉴。

一、案例背景:X集团LF旧村改造项目概况

LF村是一个拥有800多年悠久历史的古村落。全村户籍登记数约2 913户,居民总人数9 193人。村内人文荟萃,村落四面环山,风光秀美,拥有诸多人文景观,具有丰富的自然与历史文化遗产。

LF村所处区位优越,在区委区政府的高度重视下,LF村旧改项目被列

为 G 市重点推进的城市更新项目之一。旧改范围总用地面积达 79.44 万 m^2，总建筑面积约 236.53 万 m^2，其中回迁安置房面积 143.2 万 m^2，涵盖 35 栋楼约 9 300 套，面积在 51~233 m^2 之间。

在改造模式上，经村民意愿表决，LF 村采取"自主改造+全面改造"的模式，由 G 集团旗下 Y 公司作为项目实施主体，而 Y 公司 49%股权由 G 集团受让，51%股权由 LF 社区经济联合社持有，以共同推进旧改工作。在改造进程上，LF 村于 2014 年启动改造意愿征询，2019 年 3 月改造方案正式获批，到 2021 年 8 月实现整村"清零"，展现了多方协同、快速推进的成效。

旧改后的 LF 村成为了高品质现代化社区。教育方面，引入优质教育资源；交通上，临近地铁，通达性大为改善；商业上，周边布局多个商业综合体，满足居民消费需求。此外，改造还将新建超 30 万 m^2 集体物业，盘活增量资产，为村集体和村民提供可持续收益。在户型设计上，兼顾中小户型和大平层产品，以江南园林为灵感，打造滨水生态人居环境。

二、整合传播推动项目多元协同的实践措施

1. 社会化媒体传播：微信公众号运营策略分析

社会化媒体是整合传播的重要平台，能够实现信息的精准投放、互动传播和口碑塑造。在 LF 村旧改项目中，X 集团充分运用微信公众号这一新媒体平台，围绕政策解读、项目进展、文化宣传等内容开展传播，有效促进了信息公开透明和民意互动交流。

首先，在传播政策法规方面，X 集团通过微信公众号向村民发布文件精神，阐释改造的重大意义，引导村民客观认识改造带来的机遇与挑战。例如，在 2020 年 5 月村民改造意愿表决前，微信公众号推送了一系列解读文章，耐心解答群众关切问题，消除疑虑，提升政策知晓度，有力地推动了表

决工作顺利完成。其次，在项目进展方面，微信公众号通过文字、图片、视频等形式，持续发布动态信息。如 2021 年 8 月旧村"清零"攻坚战时，微信公众号通过"捷报频传"的方式，及时报道房屋拆迁、腾退签约等阶段性进展，营造了"日有进展、周有变化"的浓厚氛围，有效提振了村民参与的信心。又如针对村民"急盼回迁"的心声，微信公众号定期发布安置房建设、户型选择等信息，稳定民心士气。

再次，围绕 LF 悠久历史文化，微信公众号通过系列文章，深入挖掘"红色故事""名人轶事"和"传统民俗"，传承村落文化基因，唤醒村民的家园记忆，增进文化认同。同时，面向村民发起"老物件"等征集活动，通过互动参与激发情感共鸣，凝聚人心。

微信公众号还构建起高效便捷的民意表达渠道。通过发布社区议事内容、开展在线调查、设置互动留言等方式，畅通群众诉求表达，倾听民意民声，用足用活平台互动功能，实现"民意上传下达"的双向流动。

从传播效果上看，借助微信公众号信息发布的及时、互动的便捷性，传播的广泛性，X 集团建立起同村民的信任纽带，有效破除了信息壁垒，消解了认知分歧。可以说，微信公众号已成为 X 集团整合传播体系的重要一环，通过线上线下联动，为 LF 村改造营造了良好舆论氛围。

2. 品牌传播：塑造"美丽 LF"城市更新品牌

品牌传播是整合传播的重要维度，有助于树立良好的企业形象，赢得了公众信任和支持。X 集团在 LF 村旧改中，注重将"高品质生活"的品牌理念融入项目全过程，以"美丽 LF"为主题，塑造了独特的城市更新品牌，有力提升了企业美誉度和影响力。

一方面，X 集团通过微信公众号等平台，积极传播"美丽 LF"愿景，阐释企业的社会责任和使命担当。微信公众号推文围绕建设宜居宜业的现代化新城，打造江南园林式生态社区等主题，勾勒出"美丽LF"的发展蓝图，引发村民共鸣。同时，以具体行动诠释"美丽"内涵，如开展户型设计问卷调查，充分尊重村民意愿，提供多元选择，最大限度满足个性化需求，彰显以人为本、共建共享的理念内核。

另一方面，X集团还通过高品质的安置房建设、公共配套完善，将品牌承诺落到实处。项目将提供约9 000套回迁房，面积涵盖51~233 m^2，层高达3.1 m，以高标准的精装修交付，体现"高品质"追求。同时规划建设约18.5万 m^2 的学校、邻里中心等配套公共建筑，完善城市功能，提升居民生活便利度和幸福感。此外，X集团还探索"社区+公益"的创新治理模式，将慈善公益融入社区运营，形成"智善美"的社区文化，这一模式入选"中华慈善品牌"，有力提升了企业品牌形象。

再者，X集团积极履行社会责任，参与扶贫济困、革命老区帮扶等慈善公益，连续多年在"扶贫济困日"捐资过亿元。这些善举得到了政府和社会的高度肯定，树立了负责任企业公民的良好形象，也为"美丽LF"品牌注入了道德内涵。同时，X集团还注重发挥人际传播、组织传播对品牌塑造的口碑作用，通过"街坊会""关怀大使"等品牌活动，让员工、业主共同参与，形成认同社群，扩大品牌影响。人物报道拉近了品牌与居民的情感距离，让更多人感受到X集团的人文关怀。

品牌传播的效果是显著的。项目推出的大小户型深受村民欢迎，回迁意愿持续攀升；以"美丽LF"为关键词的网络搜索量大幅提高，曝光度显著提升；众多媒体争相报道LF项目"美丽蝶变"，正面宣传"美丽LF"品牌内涵，形成了良好的口碑效应。调查显示，村民对X集团"高品质"理念的认可度达95%以上，企业声誉和美誉度大幅跃升，在社区形成了广泛共识。

3. 文化传播：创新旧村文化资源活化方式

文化传播是整合传播不可或缺的重要内容，对于传承文明、涵育社区文化氛围具有重要意义。在 LF 村旧改中，X 集团立足历史积淀和风土人情，创新方式活化文化资源，充分发掘和利用 LF 深厚的人文底蕴，塑造和谐向上的社区文化，为城市更新注入文化内涵。

一是系统挖掘本土文化资源。LF 村拥有 800 多年历史，人文荟萃，名胜古迹众多，蕴含着丰富的历史文化遗产。X 集团着眼传承发展，在前期充分调查研究的基础上，系统梳理了 LF 村的悠久历史、风土人情、文化古迹等资源，形成了完整的文化谱系。微信公众号刊发系列文章，详细介绍 LF 历史沿革、人文轶事，让村民和游客深入了解这方水土的前世今生，引发情感共鸣。

二是创新传播方式，讲好"LF 故事"。X 集团充分利用微信公众号等新媒体平台，积极讲述"LF 故事"，传播乡愁记忆。如推出"美丽 LF 人文地理"系列，以生动的笔触、翔实的史料，全方位展现 LF 村的悠久历史和人文魅力。此外，积极策划线下文化体验活动，让文化"活"起来。通过举办"LF 习俗"展览、端午民俗体验等，吸引村民参与互动，在亲身感受中加深文化认同。创新传播方式，激发群众参与热情，为文化资源注入时代活力。

三是促进文旅融合。X 集团立足旧改契机，积极打造"历史文化+生态旅游"的融合发展路径。注重在改造规划中保留村落原生态风貌，将山、水、林、田、湖等自然本底与人文古迹、园林景观充分融合，打造具有岭南特色的生态人居环境。统筹新建住房与传统建筑风格，在现代社区中融入岭南建筑元素，让人文气息浸润社区肌理。同时，借力微信传播，广泛宣传 LF 村的人文魅力和生态美景，提升"美丽 LF"的知名度和影响力，将文化资源优势转化为旅游产业优势。

四是厚植文化资本,凝聚社区归属。X集团充分认识到社区文化在凝聚人心、培育认同中的独特作用,着力构建和谐向上的文化氛围。积极搭建群众文化活动平台,成立村民文艺社团,常态化开展文体活动,丰富居民精神文化生活。鼓励村民创作反映LF村新貌、讲述美好生活的文艺作品,用身边人讲身边事,提升群众获得感。同时,发挥党群服务中心等阵地作用,广泛开展社会主义核心价值观宣传教育,厚植文明乡风,用文化的力量筑牢社区的精神家园。如今,一个融合现代与传统、贯通物质与精神的美丽新LF正在崛起。村民的自豪感、荣誉感、归属感与日俱增,向心力、凝聚力空前增强。实践表明,在城市更新中坚持文化传承创新,厚植文化资本,对于增强社区认同、实现可持续发展,具有重要的现实意义和深远影响。

4. 社区传播:搭建社区互动平台

社区传播是整合传播的重要组成部分,对于促进居民参与、增进邻里互动、提升社区凝聚力具有积极作用。X集团充分认识到社区是居民共同的生活空间和精神家园,高度重视社区传播平台建设,积极搭建线上线下互动渠道,丰富社区活动形式,以拉近人与人、人与社区的距离,营造和谐共融的社区氛围。

一是用好微信公众号互动功能。微信已成为现代社区传播的重要载体,其便捷高效、覆盖广泛的优势日益凸显。X集团充分利用"美丽LF"公众号,围绕社区生活、邻里互动、文体活动等主题,常态化开展丰富多彩的线上互动。如在父亲节、暑期开展"一张你与父亲的合照""我与娃的美好瞬间"主题征集,引发居民踊跃参与,强化了邻里间的情感交流,鼓励居民通过文字、图片、视频等形式,分享生活感悟,展现社区风貌,拉近心理距离,唤醒共同记忆。除了举办线上互动活动,还推荐一些游玩场所,例如:图书馆是街坊们的遛娃首选圣地;坐轮渡,逛古迹,海心桥打卡;享乡情,学历史,感受传统村落文化;在家门口看壁画;去博物馆长知识;在碧道散步骑行等。无一不勾起 LF 村居民的兴趣,增强了参与感和归属感。

二是精准发布权威有效信息。社区治理需要居民广泛参与,而准确高效的信息传播是保障。X 集团注重发挥微信公众号的权威性和公信力,专门开辟了"社区通知"版块,及时发布社区重大事项、议事决策等权威信息,并采取图文并茂、通俗易懂的形式,提高传播的有效性。如在推进回迁复建房户型调查时,微信公众号面向全体居民发布详细通知,明确参与对象、办理流程、时间节点等,确保政令畅通、全员覆盖。同时,积极回应居民的留言互动,耐心解疑释惑,做到点对点、心贴心,提升了社区管理的透明度,赢得了群众的信任和支持。

三是利用自媒体,促进居民参与。在社区治理中积极发挥居民的主体作用。X 集团鼓励社区居民利用微信、短视频等自媒体,讲述生活故事、传递正能量,通过润物无声的方式参与社区传播。微信公众号专门开设居民投稿专栏,重点推介感人事迹、先进典型,放大"身边人讲身边事"的示范效应。此外,还积极搭建社区议事平台,鼓励居民畅所欲言,提出意见建议。在"你提我改"互动中,形成了共商共治的生动局面。一个个爱社区、爱家园的自媒体达人脱颖而出,成为社区传播的"意见领袖",在潜移默化中引领社区新风尚。

三、项目绩效评估:改造进程与成果总结

LF 村旧改项目在推进过程中取得了显著成效,改造进程不断加快,阶段性目标接连实现,展现出整合传播推动多元协同的巨大效能。从签约动迁到整村"清零",LF 村实现了从蓝图愿景到美好现实的跨越。2014 年,在改造意愿征询中,村委成员通过率达 100%,村民代表通过率达 96.7%,为项目顺利实施奠定了坚实的民意基础。2019 年 3 月,LF 村旧改方案作为 G 市

三旧改造创新试点后首个获批复的项目，正式拉开了全面改造的序幕。在区委区政府的坚强领导下，旧改工作全面铺开、有序推进，仅用两年半时间便完成整村"清零"，提前四个月完成既定目标。正如村民所言："我们把签约书当作'选票'，用实际行动支持旧改，因为这是 LF 村人的主流心声，是造福子孙的大好事啊！"

清零攻坚战中，一个个时间节点、一片片区域土地，勾勒出项目提速的坐标。2021 年 3 月，街道抢抓工期，制定攻坚方案，将清零目标细化到月，将任务落实到人。4 月，首开区率先清零，实现"开门红"。5 月，LF 铁军攻坚联动党支部成立，集全村之力攻坚克难。7 月，房屋全面清零。8 月，最后一栋房屋签约，LF 村整体清零。

村民的积极参与，是 LF 村旧改的最大底气。微信公众号刊发的一组组清零数据、一段段航拍视频、一张张施工图片，将项目的阶段性成果直观地呈现在村民面前，凝聚起"一起拆、一起建、一起走向美好新生活"的参与热情。在全过程参与中，越来越多的村民从"旁观者"变成"参与者""监督者"，以实际行动影响身边群众，形成了支持改造的强大合力。村民经过民主推选产生的 12 名监督员，分区轮岗，严把工程质量关，将小家装进大家，将责任扛在肩上，用智慧和汗水为复建房建设保驾护航，以实际行动向全村人交出了一份满意的答卷。

改造成果的背后，是区委区政府的高位推进。项目攻坚阶段，区委主要领导多次深入现场，面对面帮助解决难题，高位推动、精准施策，为项目按下"快进键"。同时，项目还注重"开门改造"，多方联动，盘活错综复杂的存量用地，实现土地资源的节约集约利用。可以预见，随着存量用地的逐步盘活，"碎片重组"的土地版图日益清晰，一幅高质量发展的"增长极"正加速成型。

改造效益已初见成效。昔日破旧泥泞的村落，正加速向"宜居、宜业、宜游"的活力新城蝶变。未来，一座集居住、商业、教育、医疗、文旅等功能于一体的品质社区将拔地而起。在家门口就能享受优质教育、品质生活，村民们翘首企盼的美好愿景正一步步实现。放眼全局，LF村旧改还将重塑城市空间格局，推动土地开发利用方式转型，撬动区域发展驱动力的全面跃升，为G市乃至全国的城市更新树立品质新标杆。

四、案例对其他旧村改造实践的启示

X集团LF旧村改造项目作为一个典型案例，为其他城市更新项目提供了诸多有益启示。该案例充分彰显了整合传播在城市治理中的独特价值，对破解旧改困局、推动多元协同、优化营商环境等具有重要借鉴意义。

首先，案例印证了整合传播的理论价值。整合传播理论强调利用多种传播方式，整合传播资源，统一传播声音，协同各利益相关方，以实现组织目标。LF案例正是这一理论的生动实践。X集团将政策宣介、民意沟通、文化重塑、形象塑造等融为一体，线上线下并举，内外统筹兼顾，多管齐下推进改造，充分发挥了整合传播的"1+1>2"的协同效应。这一案例证实了整合传播理论对于破解城市治理困局的解释力，拓展了该理论在城市更新领域的应用空间。

其次，案例强化了精准传播的现实价值。改造过程牵涉众多利益主体，有效触达不同群体、回应差异诉求，是项目成功的关键。X集团善于用内容说话，针对不同受众"画像"，因人而异。如针对村民，聚焦补偿、回迁等核心关切；针对区委区政府，聚焦土地节约集约利用；针对社会公众，聚焦文化传承创新、品质生活塑造。同时，项目积极利用社交媒体的大数据实时监测传播效果，动态优化传播策略，最大限度提升了传播的精准性。可以说，没有精准传播作支撑，旧改就难有的放矢、事半功倍。LF案例有力证明，找准"痛点"、对症施策，是旧改精准突破的"制胜法宝"。

再次，案例彰显了共治理念的治理价值。旧改涉及千家万户，单靠政府"单打独斗"难以为继。LF案例充分发挥各方力量，激发多元主体活力，让群众参与到改造全过程。项目创新搭建党群、干群互动平台，畅通利益表达渠道，用好网格化治理机制，实现了"共建、共治、共评、共享"的共治格局。村民自身主体成为旧改生力军。无论是设立监督小组把好工程质量关，还是当好"播报员"传递改造好声音，抑或积极参与线上互动、线下活动，处处可见村民共治的身影。正是在共治理念指引下，X集团以创新思路激活"民智"，以共建举措汇聚"民力"，激发了群众参与旧改的热情和动力，让改造成果更好地惠及人民群众。可以说，共治理念已成为新时代城市更新的价值旗帜。

综上所述，X集团LF村旧改项目充分发挥了整合传播优势，坚持精准传播、共建共治，以高品质发展推动高质量更新，形成了一套极具示范意义的"城市更新+整合传播"实践样本。这一案例对于在新形势下深入推进旧城改造、加快转变城市发展方式、推动城市治理体系和治理能力现代化，具有重要的理论价值和实践意义。

【思考题】

1. 在X集团LF旧村改造项目中，哪些传播手段被运用于项目的不同推进阶段？

2. X集团在LF旧村改造过程中采取了哪些措施来提升村民的参与度？对于促进改造工作的顺利开展有何积极意义？

3. 在旧城改造过程中如何更好地平衡各利益相关方的诉求，调动各方的积极性，形成多元共治的良好局面？